Dios nunca parpadea

Autoayuda

Biografía

Regina Brett creía que Dios había parpadeado al momento de su nacimiento, quizá este había pasado inadvertido para Él. Estudió en colegios de monjas, a los 16 bebía demasiado, fue madre soltera a los 21, se graduó a los 30, se casó a los 40 y a los 41 enfermó de cáncer. El día de su cumpleaños 45 decide reflexionar sobre lo que la vida le ha enseñado y compartir las lecciones que la han hecho descubrir la felicidad y aferrarse a ella.

Desde entonces, escribe una columna en el periódico *Cleveland Plain Dealer*, que se ha convertido en la más exitosa publicada ahí. Millones de lectores siguen sus 50 lecciones. Ha sido finalista del Premio Pulitzer y ha recibido numerosos reconocimientos como escritora a nivel nacional e internacional. Es conductora de un programa de radio y vive con su esposo Bruce en Cleveland, Ohio, Estados Unidos.

Regina Brett
Dios nunca parpadea
50 lecciones para las pequeñas
vueltas que da la vida

DIANA

Título original: *God Never Blinks*

© 2010, Regina Brett
Esta edición ha sido publicada mediante acuerdo con Grand Central Publishing, Nueva York, NY, Estados Unidos
Grand Central Publishing es una división de Hachette Book Group, Inc.
www.HachetteBookGroup.com

Traducción: Berenice García Lozano

Diseño de portada: Lizbeth Batta Fernández
Ilustración de portada: Latinstock

Derechos reservados

© 2023, Editorial Planeta Mexicana, S.A. de C.V.
Bajo el sello editorial BOOKET M.R.
Avenida Presidente Masarik núm. 111,
Piso 2, Polanco V Sección, Miguel Hidalgo
C.P. 11560, Ciudad de México
www.planetadelibros.com.mx

Primera edición en formato epub: enero de 2012
ISBN: 978-607-07-0997-5

Primera edición en esta presentación: abril de 2023
ISBN: 978-607-39-0012-6

Un agradecimiento especial por los siguientes permisos:

Las columnas que originalmente aparecieron en el Plain Dealer se reimprimen con permiso de Plain Dealer Publishing, Co. El Plain Dealer tiene los derechos de copyright de las columnas escritas por Regina Brett, del año 2000 al 2009.

Las columnas que originalmente aparecieron en el Beacon Journal se reimprimen con permiso de Beacon Journal Publishing Co., Inc. El Beacon Journal tiene los derechos de copyright de las columnas escritas por Regina Brett, desde el año1994 al 2000.

El fragmento de "La historia de un padre", de Andre Dubus, The Times Are Never Never So Bad, copyright © 1983 (Boston: David R. Godine, Publisher, Inc., 1983), se reimprime con permiso.

El extracto de Alcohólicos Anónimos se reimprime con permiso de Alcoholics Anonymous World Services, Inc. (AAWS). El permiso para reproducir este extracto que originalmente estaba en la página 552 de la tercera edición, no significa que la AAWS ha revisado o aprobado el contenido de esta publicación, o que la AAWS necesariamente esté de acuerdo con los puntos de vista expresados aquí. A.A. sólo es un programa de recuperación del alcoholismo –la utilización de este extracto con respecto a programas y actividades que están asociadas con A.A., pero que están dirigidosa otros problemas o en otro contexto que no sea A.A., no se indica en otro respecto.

David Chilton, The Wealthy Barber: The Common Sense Guide to Successful Financial Planning (Nueva York: Three Rivers Press, 1998). Extracto utilizado con permiso.

La cita de la Lección 31 está reimpresa con permiso del pastor Rick Warren.

No se permite la reproducción total o parcial de este libro ni su incorporación a un sistema informático, ni su transmisión en cualquier forma o por cualquier medio, sea este electrónico, mecánico, por fotocopia, por grabación u otros métodos, sin el permiso previo y por escrito de los titulares del *copyright*.

La infracción de los derechos mencionados puede ser constitutiva de delito contra la propiedad intelectual (Arts. 229 y siguientes de la Ley Federal de Derechos de Autor y Arts. 424 y siguientes del Código Penal).

Si necesita fotocopiar o escanear algún fragmento de esta obra diríjase al CeMPro (Centro Mexicano de Protección y Fomento de los Derechos de Autor, http://www.cempro.org.mx).

Impreso en los talleres de Bertelsmann Printing Group USA
25 Jack Enders Boulevard, Berryville, Virginia 22611, USA.
Impreso en U.S.A - *Printed in U.S.A*

Para Asher y Julia,
mis apoyos

Contenido

10

DIOS NUNCA PARPADEA

Introducción

Mi amiga Kathy una vez me envió un pasaje del libro *El vino del estío*. En esta obra de Ray Bradbury sobre un verano de cosecha, un niño cae enfermo. Nadie puede averiguar lo que le pasa, a él simplemente lo supera la vida. Nadie parece ser capaz de ayudarlo hasta que el Sr. Jonas, el ropavejero, aparece.

Él le susurra algo al niño que duerme en un catre en el patio. El Sr. Jonas le dice que permanezca tranquilo y escuche, y después se estira para tomar una manzana de un árbol. Él permanece el tiempo suficiente como para decirle al niño un secreto que lleva dentro, uno que yo no sabía que llevaba conmigo. Algunas personas llegan frágiles a este mundo. Como frutas tiernas, se lastiman más fácilmente, lloran con más frecuencia y se vuelven tristes desde jóvenes. El Sr. Jonas sabe todo esto porque él es una de estas personas.

Las palabras mueven algo en el niño y se recupera.

Las palabras movieron algo en mí. Algunas personas se lesionan con más facilidad; yo soy una de esas personas.

Me tomó cuarenta años descubrir la felicidad y aferrarme a ella. Sentía que al momento de mi nacimiento, Dios había parpadeado. El instante había pasado inadvertido para Él y jamás supo que yo había llegado. Mis padres tuvieron once hijos, y aunque amo profundamente a mis papás y a mis cinco hermanos y cinco hermanas, algunas veces me sentía perdida entre la camada. Como mi amiga Kathy solía señalar, yo parecía ser la más pequeña de esa prole. A los 6 años las monjas hicieron que me sintiera confundida, era un alma perdida que bebía demasiado a los 16, me convertí en madre soltera a los 21, me gradué a los 30, estuve sin una pareja estable durante dieciocho años y, finalmente, me casé a los 40 con un hombre que me trataba como reina.

Después, a los 41, enfermé de cáncer. Me tomó un año vencerlo, y un año más recuperarme de esa lucha.

El día de mi cumpleaños número 45, me quedé en cama reflexionando sobre todo lo que la vida me había enseñado. Mi alma abrió una compuerta y las ideas empezaron a fluir. Mi pluma simplemente las capturó y plasmó las palabras en papel. Yo las pasé a la computadora y las convertí en una columna sobre las 45 lecciones que la vida me ha enseñado. Mi editor las odió, y también su editor. Yo les pedí que de todas maneras las publicaran. Los lectores del *Plain Dealer*, en Cleveland, las amaron.

El cáncer me hizo lo suficientemente valiente como para enfrentarme a los jefes. Una vez que has tenido cáncer y has estado enfermo, calvo y débil por la quimioterapia y la radiación, no hay muchas más cosas que alguien pueda hacer para amenazarte. Cumplir 45 fue una victoria para mí. Por el cáncer, tenía mis dudas de poder llegar a ver que el odómetro avanzara tanto. Tres de mis tías murieron de la misma enfermedad a los 42, 44 y 56, así es que no había mucha esperanza.

Pero seguí viviendo. Cuando llegué a los 50, agregué cinco lecciones más y el periódico volvió a publicar la columna. Entonces, algo sorprendente sucedió, gente por todo el país empezó a reenviar la columna: ministros, enfermeras, trabajadores sociales solicitaban nuevas impresiones para publicarlas en boletines, comunicados de las iglesias, periódicos de pequeñas ciudades, gente de todas las religiones y aquellos sin religión podían relacionarse. Si bien algunas de las lecciones hablan de Dios, las personas encontraban en ellas verdades universales. He escuchado que agnósticos y ateos llevan la lista de las lecciones en sus carteras y las clavan con una tachuela en los cubículos de su trabajo o las ponen bajo imanes en el refrigerador. Las lecciones aparecen en *blogs* y páginas de Internet en todo el mundo. Cada semana desde que se publicó la columna, he recibido correos electrónicos desde Australia hasta Zanesville, Ohio, pidiendo copias. Esa columna es la más popular que he escrito en mis 24 años como periodista.

La mayoría de estos ensayos apareció originalmente en el *Plain Dealer* o el *Beacon Journal*. Algunos de ellos son originales.

Estas lecciones son los regalos de la vida para mí, y los míos para ti.

LAS CINCUENTA LECCIONES

La vida no es justa,
pero de todas maneras es buena.

La gorra siempre regresaba, más desteñida, pero más fuerte que nunca.

Frank inició el ritual.

Yo había pasado por mi primera quimioterapia y no me podía imaginar calva. Poco después, vi a un hombre usando una gorra de béisbol con las siguientes palabras inscritas: LA VIDA ES BUENA.

La vida no se sentía buena para mí, y estaba por sentirse peor, así es que le pregunté al hombre dónde había conseguido su gorra. Dos días más tarde, Frank atravesó la ciudad y se detuvo en mi casa para darme una. Frank es un hombre mágico, pintor de casas, de oficio, él vive de acuerdo a una sencilla palabra: *Puedo*.

La palabra le recuerda tener gratitud por todo. En vez de decir, "Tengo que ir hoy al trabajo", Frank se dice a sí mismo, "Puedo ir hoy al trabajo". En vez de decir, "Tengo que ir a la tienda", él puede ir. En vez de decir, "Tengo que llevar a los niños a su entrenamiento de béisbol", lo puede hacer. Funciona para todo.

La gorra en alguien más que no fuera Frank quizá carecería del mismo poder. Era azul marino con un parche ovalado que anunciaba su mensaje en letras blancas.

Y la vida fue buena, aunque mi cabello cayó, mi cuerpo se debilitó y mis cejas desaparecieron. En lugar de ponerme una peluca, usé esa gorra como mi respuesta al cáncer, como mi cartelera ante el mundo. La gente experimenta una morbosa fascinación al ver a una mujer calva; cuando husmeaban, recibían el mensaje.

Gradualmente, fui mejorando, mi cabello volvió a crecer y guardé la gorra hasta que a una amiga le dio cáncer y preguntó por ella. Quería una. Al principio, no deseaba desprenderme de la mía, era como mi chupón, la cobijita que me daba seguridad, pero debía cederla; si no lo hacía, la suerte podría terminarse. Ella hizo la promesa de mejorar y cederle la gorra a otra mujer. En su lugar, ella me la regresó para que yo se la diera a otra sobreviviente.

La llamamos Gorra de la Quimio.

No sé cuántas mujeres la hayan usado en estos últimos once años, he perdido la cuenta. Tantas amigas han sido diagnosticadas con cáncer de mama: Arlene, Joy, Cheryl, Kaye, Sheila, Joan, Sandy. Mujer tras mujer la fueron pasando.

Cuando la gorra regresó a mí, siempre parecía más cansada y gastada, pero cada mujer tenía una nueva chispa en sus ojos. Todas las mujeres que usaron la Gorra de la Quimio están llenas de vitalidad.

El año pasado se la di a mi amigo y compañero de trabajo, Patrick. A él le habían diagnosticado cáncer de colon a los 37 años. Patrick recibió la gorra, aunque yo no estaba segura de que pudiera hacerle frente a ningún tipo de cáncer. Le contó a su mamá sobre la gorra, cómo él era ahora un eslabón en esta cadena de supervivencia. Ella encontró la compañía Life is Good, Inc., que fabricaba las gorras y otros productos con el lema. Llamó a la compañía para contar la historia y pedir una caja completa de cachuchas.

La señora se las envió a los amigos y parientes más cercanos de Patrick, quienes se tomaron fotos usándola. En su refrigerador, él puso las fotos de amigos de la universidad y sus hijos y perros con la gorra de LA VIDA ES BUENA.

Mientras tanto, las personas de Life is Good, Inc., se sintieron conmovidas por el relato de la mamá de Patrick, y debido a ello hicieron una junta de personal y retaron a sus empleados, "en el espíritu de la gorra viajera y de la suerte", a pasar sus gorras a alguien que necesitara apoyo. La compañía envió a Patrick una foto de los 175 empleados con la gorra puesta.

Patrick terminó la quimioterapia y está bien. Tuvo tanta suerte; jamás perdió su cabello, sólo se le hizo más delgado. Jamás tuvo que ponerse la gorra, pero ésta tuvo el poder de conmoverlo. Él la mantuvo en una mesa junto a las escaleras donde pudiera ver el mensaje cada día.

El gorro lo hizo superar los días realmente malos, cuando quería dejar la quimioterapia y rendirse. Cualquiera que haya tenido cáncer conoce esos días; incluso las personas que jamás han tenido cáncer los conocen.

Resulta que no era la gorra, sino el mensaje lo que nos hizo seguir adelante a todos, lo que todavía nos hace seguir adelante.

La vida *es* buena.

Transmite el mensaje.

Puedes enojarte con Dios. Él lo resiste.

¿Cuándo fue la última vez que te enojaste con Dios? Se supone que no debemos enojarnos con Dios, ¿cierto? Él podría enviar fuego del infierno y azufre. Puedo imaginarme el fuego del infierno, ¿pero lo del azufre?

Al crecer como católica, jamás escuché a un sacerdote que nos diera permiso para enfurecernos con Dios. Nuestro trabajo era temerle; el trabajo de Dios era atemorizarnos.

Hay una vieja historia acerca de un rabino que, el día previo a Yom Kipur, envía a sus discípulos con un sastre que habrá de enseñarles cosas más profundas sobre el Día de la Expiación. En los diez días entre el Año Nuevo judío —Rosh Hashaná y Yom Kipur—, los judíos religiosos llevan a cabo una limpieza espiritual. Yom Kipur es el día más sagrado para la oración, un tiempo para ayunar y reflexionar. Ellos examinan el año anterior, subsanan errores y se comprometen a hacer un mayor esfuerzo.

Mientras los discípulos espían al sastre, observan que él saca un libro de su estante. Dentro hay una lista de todos los pecados que él cometió en el año. Entonces le dice a Dios que es momento de saldar las deudas, levanta el libro y ofrece la lista de sus pecados.

Después, el sastre saca otro libro. Dentro de éste están todos los pecados que Dios cometió: el dolor, el pesar, las penas que Dios les envió al sastre y a su familia. Este hombre le dice a Dios: "Señor del Universo, si hiciéramos exactamente la suma, Tú me deberías mucho más de lo que yo te debo a Ti".

Bastante atrevido, ¿no creen?

En lugar de regatear con Dios sobre lo que está en el libro, el sacerdote busca la paz. Él hace un trato con Dios de perdonar Sus pecados, si Dios perdona los suyos. El hombre se sirve un vaso de vino, lo bendice y dice: "Que ahora haya paz y alegría entre nosotros. Nos hemos perdonado. Nuestros pecados ahora son como si nunca hubieran sido".

Borrón y cuenta nueva con Dios; borrón y cuenta nueva para Dios.

A todos nos vendría bien un periodo de amnistía con Dios. ¿Cuántas personas se alejan de Dios o lo resienten debido al dolor, el pesar y las penas en nuestras vidas?

¿Cuántas personas se preguntan dónde estaba Dios cuando los aviones chocaron contra las Torres Gemelas, cuando un hijo murió de leucemia, cuando una hija se suicidó, cuando sentimos desesperación y soledad intolerables?

Nadie sabe realmente la respuesta. Todos estamos adivinando. Los predicadores siempre dicen que Dios nos ha dado libre albedrío y no intervendrá en el funcionamiento cotidiano de nuestras vidas. ¿Aunque imploremos? Esos mismos predicadores nos dicen que Dios nos bendice con nuestros hijos, trabajos, talentos, etcétera. Si Dios puede darnos regalos, ¿no puede Dios retener todas esas cosas que no queremos? ¿Por qué Dios no nos protege de la enfermedad, la muerte y la destrucción?

Yo no siempre entiendo cómo trabaja Dios, pero de todas maneras rezo. Es como ese viejo dicho, "No entiendo cómo funciona la electricidad, pero no dejo que eso me haga permanecer en la oscuridad". No tengo que entender a Dios para creer en Él. Lo que me da esperanza son esas palabras que un alma anónima escribió: "Creo en el sol, incluso cuando no brilla. Creo en el amor, incluso cuando no lo siento. Creo en Dios, incluso cuando calla".

Yo he sentido un gran abandono por parte de Dios. Me tomó años de terapia limpiarme del residuo de la niñez que me dejó sintiéndome herida y maltrecha. Casi al final de la terapia, después de haber pasado meses lidiando con todos los personajes involucrados, mi terapeuta sugirió que todavía faltaba un personaje principal. Ella me dijo que estaba bien estar enojada con Dios por no rescatarme, por no estar ahí cuando necesitaba que alguien me protegiera.

Le dije que no estaba enojada con Dios, pero debajo de mi fe había un profundo pozo de duda que me molestaba y parecía burlarse de mí.

—¿Dónde estaba Dios? Yo no permitiría que un niño sufriera. ¿Por qué Dios lo hacía?

Shhh, le dije al pensamiento. *Dios siempre está,* mentí. De ninguna manera iba a correr el riesgo de enojarme con Dios. No cuando Dios era, en ciertos días, todo a lo que yo me aferraba. ¿Cómo puedo enojarme con Dios? ¿Cómo me atrevería?

Jamás olvidé esas imágenes de primer grado en la Inmaculada Concepción, como tampoco el Catecismo de Baltimore que mostraba lo negra que el alma se veía cuando pecaba. ¿Enojarse con Dios no sería el pecado más oscuro de todos? Caería en la categoría de pecado mortal e inclinaría la balanza en el libro de contabilidad que Dios tenía para mí y para mi alma.

Ningún cielo se tornaría negro, ningún rayo caería para matarme, ninguna voz resonaría como trueno para condenarme. Yo no era tan ingenua. No le temía a los rayos. Temía perder mi trabajo o mi salud o a mi hija. No iba a reprobar la prueba de Job. El famoso personaje bíblico se vio tentado a culpar a Dios por causarle sus terribles problemas. Así es que yo recé y pretendí que todo estaba bien. Sí, todo estaba bien con Dios. Era el resto del mundo y cada persona en él los que me ponían los pelos de punta.

Un día en el trabajo exploté con mi jefe por algo tan trivial que no puedo recordarlo. Salí furiosa de la sala de redacción, salté al auto e hice rechinar las llantas mientras huía del estacionamiento. Gracias a Dios que mi jefe no estaba caminando por ahí, porque quizá no hubiera metido el freno. Llegué a casa, almacené la furia que se edificaba en mí y me senté en la máquina de coser a reparar tranquilamente un vestido. No había terminado cuando la aguja se rompió a la mitad.

Fue entonces cuando enloquecí. Pegué con mis puños. Maldije. Me subí al auto y fui a dar una vuelta. Grité todo mi odio y enojo hacia toda la gente que me había abandonado y lastimado. Cuando terminé, me di cuenta de que no era mi jefe o mi papá o mi mamá o las monjas o ninguna figura de autoridad del pasado. Era el número uno quien me hacía enojar. Todo lo demás se lo eché a Dios. Lo maldije para arriba y para abajo e incluso lancé la bomba de las groserías. Repentinamente, sentí algo extraño que se apoderaba de mí.

Paz.

Debajo de todo ese enojo había una calma profunda.

Debajo de esa pila de resentimiento, estaba el amor de Dios.

Sentí una luz interior que me calentaba, como si Dios estuviera sonriendo y dijera:

—¿No te sientes mucho mejor ahora?

Empecé a reír. Dios quería que descargara el basurero que yo había llevado a cuestas durante años para que pudiéramos acercarnos.

Un sacerdote jesuita le puso nombre a esa oración. Conocí al Padre Jim Lewis en una Casa de Retiro jesuita en Parma. Él era profundo en su sencillez, y me dijo que Dios quiere una relación real, auténtica y genuina con nosotros, el mismo tipo de apertura y honestidad que se debe tener en un buen matrimonio.

Él descubrió esta verdad después de resistirse a un traslado por cuestiones de trabajo. Aunque odiaba su nueva tarea, trató de practicar la obediencia y la aceptación, pero se sentía miserable. Trató de rezar con gratitud, pero carecía de ella. Intentó desempeñar el papel del sirviente pequeño y feliz de Dios, pero no funcionaba.

Un día explotó. Fue a la capilla solo, saludó a Dios y después, suavemente, maldijo con todo su santo corazón. "Maldición, maldición, maldición, maldición, maldición." Eso fue todo. Pronunció la misma oración todos los días hasta que el resentimiento quedó fuera de su sistema. Una vez que el enojo desapareció, hubo espacio para algo más. Paz. La hoja estaba en blanco y ahora Dios podía escribir en ella.

El Padre Lewis la llamó Oración de la Maldición.

Es una gran oración para los momentos en que estás a punto de reventar.

Dios no quiere que nosotros seamos tan santos que perdamos nuestra humanidad. Dios no quiere oraciones falsas ni alabanzas hipócritas. Dios quiere una relación honesta, genuina y real.

Dios y yo somos mejores amigos ahora. Cada tarde salimos a pasear. Cada mañana nos sentamos juntos en silencio. Durante todo el día tenemos conversaciones. Bueno, yo soy la que agarro el micrófono. Sin importar lo que suceda o no suceda durante el día, vamos a la cama con un borrón y cuenta nueva. Como en un buen matrimonio, nadie se va a la cama enojado.

El paso del tiempo cura casi todo.
Dale tiempo al tiempo.

La primera vez que asistí al retiro, no tenía grandes expectativas.

La casa de retiro jesuita se asienta en un terreno de 23 hectáreas en medio de Parma, el mayor suburbio de Cleveland. Se encuentra alejada de la avenida principal, así es que puede pasar completamente inadvertida.

Una amiga me invitó a pasar el fin de semana con otras mujeres que buscaban mejorar su relación con Dios. Yo no me habría colocado en esa categoría, pero mi amiga lo hizo. Para convencerme de ir, ella pintó el retiro como un tipo de fiesta: mujeres que compartían y reían y hablaban. Yo empaqué un traje de baño, esperando que hubiese un hotel o un tipo de balneario con alberca y sauna.

Después de atravesar el largo camino de la entrada, nos recibió una estatua de San Ignacio. Repentinamente, me di cuenta de todo. Caramba, ¿qué hacía ahí en un retiro que era sólo con mujeres? Yo era madre soltera y tenía 25 años. No quería ser una santa ni una monja. ¿Qué hacía ahí desperdiciando las noches del viernes y el sábado, en un lugar donde no había hombres, excepto por los sacerdotes?

Han pasado 26 años desde ese primer retiro. Jamás he dejado de regresar. Cada año, los sacerdotes cambian, pero Gerri siempre está ahí. Ella es una mujer polaca de baja estatura, cuya risa y amor llenan cada cuarto del lugar, mucho después de que se ha ido a casa.

En cada retiro encontraba a Gerri y le echaba algún problema en el regazo. Ella escuchaba, "Ajá, ajá", con una mirada seria en su rostro, luego hacía un gesto para detener mis palabras y bromeaba para aligerar las cosas. Después me veía a los ojos —o trataba de hacerlo por su estatura—, y me daba un consejo que siempre terminaba con este colofón:

—Algunas veces, sólo tienes que darle tiempo al tiempo.

¿Qué diablos significaba eso?

¿Darle tiempo al tiempo?

Yo no tenía tiempo. Era una madre soltera con una misión: encontrar un esposo para mí, un padre para mi hija.

En aquel entonces mis problemas siempre tenían que ver con un hombre que no me amaba lo suficiente, que en esencia tenía que ver con un papá que no me amaba lo suficiente, que en esencia tenía que ver con un Dios que no me amaba lo suficiente. Gerri sabía que este tipo de herida necesitaba mucho tiempo para sanar, y que sanaba en capas, no toda a la vez. El remedio de Gerri era el tiempo. Yo quería algo más rápido.

El servicio de sanación podría ayudarme. Yo lo había visto en el programa y la mujer que me llevó al retiro insistió en que asistiera. Al principio rechacé la idea. Por mi cabeza pasaba la imagen de un evangelista de los que salen en la tele. Muy probablemente él diría:

—Siente el calor de mi mano.

Tocaría mi cabeza y después gritaría:

—¡Váyanse demonios!

A continuación, la gente caería al piso, se retorcería como un pez fuera del agua y articularía palabras que ni siquiera Dios entendería.

No quería ir. Principalmente porque tenía miedo de Dios. Y tenía miedo de mis heridas, las había tapado durante años. ¿Por qué tenía que arrancarme las curitas? Sin embargo, el Padre Benno Kornely, quien había escrito el servicio de la curación, parecía tan cautivador. Así es que me senté en la capilla, mientras el Padre Benno tocó suaves canciones sobre lo mucho que Dios nos ama. Lo bueno es que sacó los *kleenex*. Me acabé toda una caja antes de que terminara la primera canción, cuyo título era: "Jamás me olvidaré de ustedes, mi gente, pues los he esculpido en la palma de mi mano".

¿A mí? ¿Dios tiene mi nombre en su palma? ¿Regina María Frances Brett?

Las lágrimas limpiaron la herida. Volví cada año, algunas ocaciones hasta dos veces. Cada servicio curaba otra capa de la herida. Pasaron diez años antes de que pudiera experimentar todo el servicio sin llorar.

Las palabras del Padre Benno nos llevaron a través de un viaje por nuestra memoria. Él nos invitó a dejar salir a la superficie cualquier cosa que necesitara curación. Él nos acompañó paso a paso, a través de nuestras vidas, curando los golpes que sentimos de —o propinamos a— maestros y compañeros de clases, vecinos y parientes. Él rezó porque fuésemos curados de todo aquello que obstaculizaba nuestro amor y felicidad. Él nos pronunció como una nueva creación, y después nos invitó a recibir su mano. Ningún abracadabra, sólo una bendición en nuestras palmas con aceite.

Nos acercamos y llevamos en nuestros corazones lo que queríamos sanar. Cada año, durante cada servicio de curación, la mía era casi siempre la misma: la herida de papá. Mi papá era el hombre más poderoso en mi vida, para bien y para mal. Él era la persona más generosa, considerada y desinteresada que yo conocía. También era el loco que sacaba el cinturón en sus arranques de furia.

Me tomó años de terapia llegar al fondo del dolor. Después vino el trabajo espiritual. Yo no sabía cómo sanar la relación, cómo reconstruirla. Oscilaba entre el miedo y el enojo que despertaba mi padre en mí. El amor no tenía cabida. Si bien ya no sentía más enojo por él, de todas maneras era incapaz de sentir amor. Ni siquiera estaba lista para pedir que alguien me ayudara a amarlo. Tampoco estaba dispuesta a hacerlo. Pero lo que sí hacía era orar constantemente, "Dios, ayuda a mi papá a saber cuánto lo amas *Tú*".

De manera intelectual sabía que amaba a mi papá. Yo lo había herido, él me había herido. Ninguno quería hacerlo. Ambos hicimos lo mejor que pudimos, pero algunas veces nuestro mejor esfuerzo es terrible, el mío incluido.

Después de los cinco años de perderme Navidades, Pascuas, fiestas de aniversarios, cumpleaños y nacimientos de nuevos sobrinos y sobrinas, quise regresar a casa, quería nuevamente ser parte de las vidas de mis padres, pero no sabía cómo.

Entonces un día supe que a mi papá le habían diagnosticado cáncer de pulmón. Los doctores le daban seis meses de vida. Dos días después me encontré con mi amiga Ruth. Sin saber mi situación, ella empezó a hablar sobre su madre y de cómo Dios le había dado la gracia de estar con ella mientras moría. De repente todo mi miedo se desvaneció. Fue como si se hubiera abierto una ventana que siempre había estado cerrada. Sabía que era tiempo de ir.

Al día siguiente fui a visitar a mi papá. Su cabello era blanco y suave como el de un ángel. Él sonrió y platicó, y después se cansó y no pudo seguir hablando. Parecía absolutamente feliz ese día, parado en la entrada de la casa y saludándome con la mano. Jamás olvidaré ese saludo. Jamás lo volví a ver así.

Tres días más tarde, lo internaron en el hospital. Él luchaba por respirar. Yo me senté a su lado mientras tosía y escupía. Mi padre no fumaba, pero había trabajado arreglando chimeneas. Los sótanos tenían asbesto que colgaba de los tubos con los cuales se había topado hacía tantos años. Le acaricié la espalda y le di las gracias.

Mi mamá se sentó en silencio y sin moverse en una silla, moviendo la cabeza. Ella sabía que él no regresaría a casa. Yo también. Le sostuve la mano, se la acaricié, y sin palabras le dije cuánto lo amaba. Mientras estaba sentada ahí, mi corazón se llenó de amor por todos los momentos en que había sido tan tierno y cariñoso con nosotros, cuando estábamos enfermos de gripa.

Cayó en la inconsciencia al día siguiente. Era sólo cuestión de días. Encendí una vela en mi cuarto y recé para que Dios lo curara o se lo llevara rápida y suavemente. A papá jamás le habría gustado estar en una casa para enfermos terminales. Él tenía 83. Había tenido una buena vida. Conforme la vela se consumió, me imaginé a sus tres hermanas fallecidas como ángeles, cargándolo, llevándolo a casa.

Él murió cuando la vela todavía estaba centelleando. Al día siguiente fui a casa de mi mamá. Me detuve a comprar comida, como mi papá nos había enseñado a hacerlo. Mi mamá me perdonó por mi ausencia en sus vidas con estas palabras:

—¿Escribirías su obituario?

Me tocó decirle al mundo lo maravilloso que era. Durante años, había puesto la lupa en el dolor y ahora me tocaba poner la lupa en los regalos, que eran muchos.

Gerri tenía razón. Cuando llegó la curación, fue completa y me hizo sentir plena.

El tiempo necesitaba tiempo.

Cuando te sientas vacilante, sólo da el siguiente paso.

Mi vida solía ser como ese juego de "Las estatuas de marfil" que jugábamos de niños. Una vez que terminaba la canción, debías quedarte congelado en la posición. Cuando algo sucedía, yo me congelaba como una estatua, con miedo de moverme en la dirección equivocada, demasiado temerosa de tomar la decisión incorrecta. Si te quedas congelado demasiado tiempo, tú decidiste hacerlo.

Hay un momento en el especial de Navidad de Charlie Brown, donde Charlie va a ver a Lucy, la psiquiatra que cobra cinco centavos. Lucy hace lo mejor para diagnosticarlo.

Si él le teme a la responsabilidad, debe de tener hipengiofobia. Charlie Brown no está seguro de qué es exactamente a lo que más le teme.

Lucy hace su mejor esfuerzo por acertar. Si él le tiene miedo a las escaleras, debe de tener climacofobia. Si le teme al océano, tiene talasofobia. Quizá sea gefirofobia, el miedo a cruzar puentes.

Finalmente, Lucy da con el diagnóstico correcto: panofobia.

Cuando le pregunta a Charlie Brown si es eso lo que tiene, él le pregunta qué es eso. La respuesta lo sorprende y lo reconforta a la vez.

—¿Qué es panofobia?

—El miedo a *todo*.

¡Lotería! Eso es lo que tiene Charlie Brown.

Y yo también.

Durante la preparatoria, utilicé el alcohol como mi brújula. Posteriormente, fui a la universidad más cercana, pues para mí era inconcebible todo el proceso de aplicar y ser aceptada, y dejar el hogar y vivir en un dormitorio universitario fuera de Ravenna, Ohio.

Recorría diez kilómetros en autobús todos los días de Ravenna a Kent, no porque la Universidad Estatal de Kent fuera una escuela pública buena, sólida y asequible —que sí lo era—, sino porque no podía imaginar la manera de dar el salto y mudarme a una universidad, como hicieron mis cuatro hermanos mayores. Ellos se fueron a la Universidad Estatal de Ohio, una de las mayores universidades en el país. En Kent, mi mundo permaneció pequeño y seguro. Comía en la cafetería con gente de mi preparatoria.

Tras un año o dos en la universidad, reprobé química. Como se me dificultaba, dejé de ir a las clases; cambié de asignatura principal tres veces. Después me embaracé a los 21 y dejé por completo la escuela. Paré de beber definitivamente, pero trabajé en varios lugares que no eran adecuados para mí: empleada en el área de tránsito, secretaria legal, gerente de oficina, recolectora de cadáveres para una funeraria.

¿Qué haría con mi vida? El futuro me abrumaba. Entonces, un día una amiga en recuperación me sugirió esto: "Sólo da el siguiente paso".

¿Eso es todo?

Puedo hacerlo.

Normalmente sabemos cuál es el siguiente paso, pero es tan pequeño que no lo vemos, pues nuestra visión está centrada en el horizonte y todo lo que podemos ver es un salto gigante y aterrador, en vez de un paso simple y pequeño. Así es que esperamos, y esperamos, y esperamos como si el Plan Maestro fuese a ser revelado como una alfombra roja a nuestros pies.

Incluso si así fuera, estaríamos demasiado aterrados para incursionar en él.

Yo quería terminar la universidad, elegir una carrera que amara, y no conformarme con un trabajo que no me apasionara. ¿Pero en qué debía especializarme? ¿Cómo pagaría los estudios? ¿A qué trabajo conduciría esa especialización? Había tantas preguntas sin respuesta.

Un día mi mamá me reveló el siguiente paso: "Sólo obtén un programa de cursos", sugirió.

¿Eso es todo?

Puedo hacerlo.

Así es que obtuve el programa, lo abrí, le eché una ojeada rotulador en mano y marqué las clases a las que me gustaría asistir solamente porque se veían interesantes.

Me senté en el piso de la sala pasando página tras página. Al principio, como un niño cuya clase favorita es el recreo, marqué clases recreativas, como montar a caballo, excursionar y acampar. Después, un par de clases de psicología y arte. A continuación, un montón de clases de literatura. Le di la vuelta a cada una de las páginas, leyendo las descripciones de los cursos, hasta que encontré un tesoro oculto: periodismo, reportajes, escribir para revistas, escribir artículos. Caramba. Leí todo el catálogo, desde antropología a zoología. Al terminar, volví a hojearlo y observé cuáles eran los cursos más marcados.

Escritura.

Así es que tomé una clase de escritura. Después otra. Después otra.

Cuando te sientas vacilante, sólo da el siguiente paso. Normalmente, es muy pequeño. Como decía el escritor E.L. Doctorow, escribir un libro es como conducir un auto en la noche. "Nunca puedes ver más allá de lo que alumbran tus faros, pero puedes hacer el viaje completo de esa manera."

Esa filosofía también se aplica a la vida. Los faros de mi auto iluminan cien metros, pero incluso con esa luz puedo viajar hasta California. Sólo necesito ver lo suficiente para moverme.

Me gradué como periodista en la Universidad de Kent cuando cumplí treinta. Diez años después, obtuve el grado de maestría en Estudio de las Religiones por la Universidad John Carroll. Nunca me propuse obtener un posgrado. Si hubiese contado los años (cinco), el costo (miles) y el tiempo en el salón de clases, las tareas, la investigación (hasta la madrugada, durante la comida, los fines de semana), jamás habría enviado esa primera colegiatura.

Tomé una clase, después otra y otra, y un día había terminado.

La crianza de mi hija fue así. Jamás soñé que sería una madre soltera durante los 18 años de su niñez. Mi hija terminó la preparatoria el mismo mes en que yo obtuve mi posgrado. Me alegra no haber sabido cuando la parí, a los 21, lo que costaría en términos de tiempo, dinero y sacrificio llevarla hasta el día de su graduación. Me habría aterrado.

De vez en cuando, algún experto calcula lo que cuesta criar a un hijo, y aunque es muchísimo, el dinero no parece asustar a los padres potenciales. Sin embargo, si alguien calculara todo el tiempo y la energía que se necesitan para criar a un niño, la raza humana se extinguiría.

El secreto del éxito de la paternidad, de la vida, consiste en no contar el costo. No te concentres en todos los pasos que debes dar, no contemples el abismo ante el salto gigante que se requiere, esa visión te impedirá dar el siguiente paso.

Si quieres perder veinte kilos, ordena una ensalada en vez de papas fritas. Si quieres ser un mejor amigo, toma el teléfono en vez de ver primero el identificador de llamadas. Si quieres escribir una novela, siéntate y escribe sólo un párrafo.

Da miedo hacer cambios significativos, pero normalmente tenemos el suficiente valor como para dar el siguiente paso. Un pequeño paso y después otro. Eso es lo que toma criar a un niño, obtener un título profesional, escribir un libro, hacer lo que tu corazón desea.

¿Cuál es tu siguiente paso? Sea cual sea, dalo.

La vida es demasiado corta como para perder el tiempo odiando.

Los niños no habían visto a su papá en diez años. ¿Quién podía culparlos? Y tampoco habían hablado con él en cuatro años, pues no quedaba nada más que decir.

Su papá jamás dejó de beber. Como muchos adictos, dejaba el alcohol, pero siempre regresaba a él. Podía estar sobrio, pero jamás podía permanecer sobrio.

Mi amiga Jane intentó que el matrimonio sobreviviera a pesar de las promesas rotas y la cuenta de banco vacía. Mientras ella levantaba en todos sentidos a los niños; él levantaba la botella.

Jane permaneció junto a él durante veinte años. Era un gran tipo cuando no bebía. Tenía un gran corazón y los hacía reír. No era ofensivo, y su único delito era el abandono. Él no podía conservar ningún trabajo y, por lo tanto, tampoco pagar las facturas. No podía hacer su parte en nada, lo que los llevó a perder definitivamente su casa.

Finalmente, un día Jane dejó lo que quedaba del matrimonio. Para el momento en que se divorciaron en 1979, los hijos ya eran adolescentes. La hija mayor tenía 17, el hijo tenía 15 y la hija menor, 13. Pasaron los años. Su papá aparecía muy de vez en cuando en sus vidas. Pasaban años sin que los llamara por teléfono. Y aunque trataba de rehabilitarse, siempre volvía a caer en la adicción.

Gradualmente se desvaneció por completo de sus vidas. Pasaron diez años sin una visita, cuatro años sin una llamada. Un día de primavera el teléfono sonó. Alguien de un hospital en Parma, Ohio, buscaba al pariente más cercano.

El hijo llamó a su madre. Jane sintió como si alguien le hubiese dado un golpe en el estómago cuando escuchó a su hijo decir: "Papá tiene cáncer terminal".

Pero algo extraño sucedió. Todos los años de dolor y enojo desaparecieron.

Su antiguo esposo no tenía dinero ni familia, pues no se había vuelto a casar. Tampoco conocía a sus seis nietos. Se encontraba en mal estado y llevaba una semana en el hospital. Ellos no se habían enterado de una cirugía previa a la que tuvo que someterse por la enfermedad. Era evidente que no duraría mucho.

Ella condujo a los hijos al hospital, pero no entró en la habitación. Jane se volvió a casar y había formado una nueva vida. Ella no había visto a su primer esposo en veinte años y no quería molestarlo con su presencia, tampoco quería sentirse afectada y no tener la fortaleza para apoyar a los hijos.

Al estar sentada afuera de la habitación, pensó en lo que tenía que hacer. De regreso a casa, ella les dijo a los hijos que pagaría todos los gastos médicos. Después ayudó a pagar una estancia para enfermos desahuciados. Jane fue con sus hijos todos los días a visitarlo, pero jamás entró en su habitación, no era su lugar.

En los días que le quedaban, él y sus hijos volvieron a unirse como familia. Los resentimientos se diluyeron. Cuando hablaban del pasado, exprimían los recuerdos para rescatar los buenos tiempos. Ellos le dijeron que lo querían, y descubrieron que era cierto.

Ella y los chicos planearon el funeral, eligieron el ataúd, escogieron las flores. Decidieron que no habría velorio, pues no querían deshonrarlo con una sala vacía o con visitas que les hicieran demasiadas preguntas sobre aquellos años perdidos.

Querían que muriera como no había podido vivir: con dignidad. Cuando murió aquel día de junio, todos descubrieron una nueva sensación de paz. Habían sido liberados y él también, pues ya no sufriría ni de cáncer ni de alcoholismo.

La hija leyó un poema que escribió. Otros compartieron recuerdos felices. Mi amiga les agradeció a todos por venir. Ella pagó todo: las cuentas de hospital, la casa para enfermos terminales, el funeral, las flores.

Cuando le pregunté por qué había hecho tanto esfuerzo por ayudar a un hombre que la había lastimado tanto, Jane dijo que la razón era sencilla: "Él era su padre".

¿Cómo puede llegar alguien a tal lugar de perdón y amor?

Para unos, es gracia pura; para otros, trabajo arduo.

Para aquellos que no han recibido esa gracia, hay unos consejos para dejar ir los resentimientos en el texto básico de Alcohólicos Anónimos. Es una solución que funciona para todo aquel que esté dispuesto a ponerla en práctica. El libro dice que una vida que incluye profundo resentimiento sólo conduce a la futilidad y la infelicidad. Los resentimientos, dice, nos impiden recibir la luz del Espíritu.

En el capítulo "Libertad del cautiverio", una persona comenta un artículo escrito por un ministro. Esto es lo que él dice sobre los resentimientos:

> Si tienes un resentimiento del cual quieres liberarte, reza por la persona o la cosa a las que les tienes resentimiento, y serás libre. Si pides en tu oración que todo lo que quieres para ti les sea otorgado a ellos, serás liberado. Pide por su salud, su prospe-

*ridad, su felicidad, y serás libre. Incluso cuando en realidad no
lo desees, y tus oraciones sean sólo palabras, de todas maneras
hazlo. Hazlo todos los días durante dos semanas, y descubrirás
que tu intención cambia, y te darás cuenta de que donde solías
sentir amargura y resentimiento y odio, ahora sentirás un enten-
dimiento y un amor llenos de compasión.*

Yo lo he probado. Los resultados son sorprendentes.

En ocasiones, cuando me siento realmente confundida,
debo rezar por la disposición de rezar por la persona. Siempre
la obtengo.

¿Quieres liberarte del enojo, el odio y los resentimientos?
Debes liberar primero a otros. Al liberar a su primer esposo,
Jane se liberó de la primera parte de su vida, y sus hijos se libe-
raron por el resto de sus vidas.

LECCIÓN
6

No te tomes tan en serio.
Nadie más lo hace.

Anímate. *Eres demasiado vehemente. No te tomes tan en serio.*

Yo solía oír eso todo el tiempo. De familia, amigos, compañeros de trabajo y cualquier extraño que me escuchara por más de cinco minutos.

¿De qué hablaban? Yo no tenía ni idea, hasta que la vida me desgastó, y me rendí. Necesité décadas antes de poder ondear la bandera blanca y encontrar la paz en la imperfección.

Nací con la idea de que tenía que ser perfecta en todas las cosas, porque muy en el fondo sentía que no era buena en nada. Toda la vida mi cerebro ha enviado falsas señales de advertencia, constantemente me dice que no soy perfecta, que he fallado. Mi cerebro es daltónico, ve las cosas en blanco o negro, sí o no, correcto o incorrecto, todo o nada. La materia gris entre mis oídos no puede discernir que hay matices en la vida, que el mundo no es una clase en la que te califican como aprobado o no aprobado.

Un día finalmente entendí que estaba más nerviosa que un dálmata en un incendio gigante. Había pasado semanas trabajando en una historia para una revista, y acababa de aparecer en el periódico dominical. Había tenido que hacer docenas de entrevistas y reescrituras para que saliera perfecta. Entonces, el teléfono sonó. Uno de los sujetos me agradeció por el artículo, pero mencionó que había escrito mal su nombre. ¿Qué? Había verificado dos y tres veces cada hecho y ortografía. De alguna manera, un nombre se me había escapado.

Enterré mi rostro entre las manos y lloré en mi escritorio. La historia tenía más de tres mil palabras. Había escrito mal una sola palabra, pero me di a mí misma una calificación re- probatoria. Cuando una colega en la sala de redacción vio mis lágrimas, corrió hacia mí.

—¿Estás bien? ¿Qué sucedió? —preguntó, preocupada de que alguien hubiera muerto.

—Escribí... mal... un... nombre —sollocé.

Ella me miró sorprendida.

—¿Eso es todo? —dijo, moviendo la cabeza y alejándose. La mirada en su rostro me paró en seco. *Anímate*, escuché. Sólo que esta vez no hablaba nadie en el exterior. La voz provenía de mi interior.

Al tomarme tan en serio también me convertí en una traba- jadora obsesiva. No podía delegar ninguna tarea, sin importar lo pequeña que fuera. Todas tenían que hacerse a la perfec- ción, y sólo yo sabía la mejor manera de completarlas. Hacía listas infinitas de pendientes, pero olvidaba mis propias necesi- dades básicas, porque el mundo no podía girar sin mí. Así era yo de importante.

Las plantas de mi casa eran grandes indicadores de que mi vida y mi ego estaban fuera de control. Las plantas eran como esos canarios enjaulados que los mineros solían bajar a las pro- fundidades para detectar cuando el aire era venenoso. Cuando el pájaro estiraba la pata, era momento de salir. Cuando mis plantas estaban por marchitarse, sabía que debía salir por un poco de aire, revisar mi vida y desacelerar mi búsqueda de la perfección. Si mis plantas mostraban señales de abandono, probablemente también necesitaba pasar más tiempo con mi hija. Gracias a Dios que nunca tuve mascota.

Hubo muchas señales que me decían que me animara, desacelerara mi paso y me concentrara en lo que realmente importaba. Como cuando fui a recoger un vaso sucio y no pude porque estaba pegado en la mesa. O cuando de emergencia terminé yendo a comprar a la tienda de la esquina pan, leche, papel de baño y *Tang*, que en mi casa era un alimento básico, y ya no teníamos. (Mi hija solía empacar casi todos los días el mismo sándwich —crema de cacahuate en pan integral con *Tang* espolvoreado en él—, una herencia de mi juventud.)

Ser madre soltera significaba que nadie más iba a hacer las compras. Si yo no apartaba una hora de la noche, mañana o fin de semana, terminábamos limpiándonos con *kleenex* en lugar de papel de baño, o peor.

En varias áreas yo ya había metido el freno. Desayunaba antes de salir de la casa, pues tiempo atrás solía manejar un auto estándar mientras comía papas fritas. Tuve que ponerle cubiertas a los asientos para esconder las manchas de la comida que perdía su camino entre el plato y mi boca. Adquirí un nuevo auto y una nueva regla: no comer ni beber detrás del volante. Hasta la fecha, la he roto por comer sólidos, pero no líquidos. (Desplegaba un periódico en mi regazo para atrapar las moronas.)

También sobrepasé el límite de velocidad. Un juez y dos multas de cincuenta dólares en menos de seis semanas no fueron suficientes para convencerme años atrás que habría sido económicamente más viable salir de mi casa diez minutos antes que superar por 15 kilómetros el límite de velocidad. Fue cuando el seguro de mi auto aumentó su precio que juré obedecer la ley. Cuando la gente que va conmigo se queja de que manejo muy lento, lo tomo como un halago.

De vez en cuando, todavía recibo magulladuras por tener tanta prisa en vivir esa vida perfecta y elusiva que había planeado en mi agenda. Mi cuerpo algunas veces está tres pasos por detrás de mi cerebro. Paso demasiado rápido a través de una puerta y golpeo mis caderas. Rodeo una esquina y olvido que mi trasero todavía no ha pasado. Los archiveros son los peores. Las esquinas dejan moretones que más tarde se convierten en un caleidoscopio de colores.

Pero eso no es nada comparado con el moretón que se formó en mi ego cuando, un día, fui humillada en público por no tomarme el tiempo de desvestirme adecuadamente. Solía desnudarme rápido porque tenía prisa de hacer algo más importante. No me quitaba los calcetines, los pantalones, las medias o la ropa interior uno por uno. Lo hacía de un tirón. Los calzones y los calcetines terminaban enterrados en algún lugar de los pantalones.

Ese día me puse un par de pantalones aprisa y corrí hacia la puerta. Era un cometa de presunción que volaba a través del día, tenía que hacer a un lado cosas importantes para poder hacer cosas más importantes. Una de ellas era comprar unas cuantas provisiones. Cuando me bajé del auto en el estacionamiento del supermercado, sentí algo suave en mi talón, al principio refunfuñé, pensando que era excremento de perro. Volteé a ver hacia abajo y detecté una protuberancia café, eran unas medias de mujer. Me agaché para levantarlas y vi que estaban anudadas a algo que colgaba de la pierna de mi pantalón.

Confusa, jalé y jalé y jalé, sintiendo que algo reptaba por mi pierna hasta que sostuve un par completo de medias en mis manos. Ante mi horror, un hombre había observado la recuperación desde la banqueta. El momento se congeló como una foto *Kodak* para recordarme siempre que debo animarme, pero desacelerar el paso.

De vez en vez, me pego contra los archiveros, pero el incidente de la media no ha vuelto a repetirse. Una vez descubrí
un bulto en mi muslo, metí las manos dentro de mis *jeans* y
encontré un calcetín sucio que había quedado ahí la última vez
que lo usé.

Quizá debí de haberlo dejado para amortiguar los golpes.

Paga tus tarjetas de crédito cada mes.

Mi papá pagaba todo en efectivo. Si no tenía efectivo, no necesitaba el artículo.

Era hojalatero, reparador de techos o reparador de chimeneas, dependiendo de la época del año. Instalaba canales para el desagüe y restauraba techos en el verano; reparaba ductos de calefacción y chimeneas en el invierno.

Nunca supe cuánto ganaba. Lo poco que tenía, lo designaba al mantenimiento de sus once hijos. Basta con decir que no teníamos muchos artículos extra de niños, pero sí todo lo que necesitábamos.

Papá jamás dijo "No nos alcanza para esto". Yo jamás escuché las palabras "No tenemos el dinero suficiente para aquello". Él veía lo que queríamos y decía: "No lo necesitan". Y estaba en lo correcto, por supuesto que no lo necesitábamos, simplemente lo deseábamos. Con esto, él nos enseñó a manejar nuestros deseos.

Postergué obtener mi primera tarjeta de crédito hasta que la necesité para hacer una reservación de hotel. El uso de la tarjeta me desconcertaba. Nadie me había enseñado nada sobre comprar a crédito. Una vez pagué toda la cantidad que debía una semana más tarde. Me imaginé que pagar toda la cuenta era más inteligente que pagar el mínimo mensual. En el siguiente estado de cuenta noté el recargo de 25 dólares por haberme pasado de la fecha de vencimiento. Si hubiera pagado parte de la cuenta a tiempo, no me habría costado 25 dólares. Lección aprendida.

Tardé más en digerir la parte de los intereses. Me tomó tiempo darme cuenta de que un abrigo de invierno adquirido en una oferta en realidad no tenía descuento si, seis meses después, yo seguía pagándolo a un interés del 14 por ciento.

Empecé a ver todo de manera desglosada en esa factura mensual. Si hubiera pagado en efectivo por la mayoría de lo que estaba enumerado, habría tomado distintas decisiones. Es fácil sacar el plástico para pagar una comida de 30 dólares, en lugar de tener que dar tres billetes de diez. Pagar en efectivo te hace pensar en saltarte el aperitivo y el postre. Cuando saco dinero real de mi cartera para pagar 60 dólares por un par de *jeans* que quiero —pero no necesito—, siento instantáneamente la herida y algunas veces decido no comprar los pantalones. Cuando uso la tarjeta de crédito, no siento ningún dolor hasta que la factura llega. Para entonces, ese dolor me hace llorar; para entonces, es demasiado tarde.

La mayoría de nosotros derrocha un dólar aquí, cinco dólares allá. Eso, al final, suma cientos o miles cada año. Muchos de nosotros pensamos, "Si tan sólo ganara más. Si tan sólo obtuviera el ascenso. Si tan sólo me casara por dinero". He visto los programas del Dr. Phil y Suze Orman las suficientes veces como para saber que los problemas económicos nunca giran en torno al dinero, sino en cómo *piensas* y te *comportas* con respecto a él. Eso lo puedes cambiar.

Actualmente, la mayoría de la gente ha escuchado sobre el factor *Latte*. En *The Finish Rich Workbook* (Cuaderno de ejercicios para ser rico), el autor David Bach escribe que si gastas 3.50 dólares cada día en un café *latte*, eso da como resultado 24.50

dólares a la semana. Si invirtieras esa misma cantidad con un 10 por ciento de interés anual, tendrías 242,916 dólares en 30 años. Yo nunca he pedido un *latte*, pero el concepto puede aplicarse a cualquier cosa. Al mío, lo llamo el factor Oreo.

Ahorrar 50 centavos al día suma 15 dólares al mes. Si compras un litro menos de refresco a la semana, ahorras 6 dólares al mes. Si llevas tu almuerzo al trabajo, acumularás 60 dólares al mes. Si comes fuera dos veces menos al mes, ahorrarás 30 dólares. Si puedes evitar que rebote uno de tus cheques, son 20 dólares. Paga a tiempo las tarjetas de crédito para evitar una multa de 25 dólares. Todo eso suma 1,872 dólares al año.

Empecé a apuntar cuánto gastaba en comida chatarra de maquinita, supermercados, restaurantes, cafeterías y tiendas de abarrotes. Las papas fritas, el refresco, los chocolates y las galletas no parecían costar mucho hasta que hice la suma. El resultado dio 30 dólares a la semana. No podía creerlo. El libro me convenció de comer menos comida chatarra y ahorrar el dinero que dilapidaba en antojitos.

También me convenció de poner una nota en mi cartera con las siguientes palabras: *Paga en efectivo. Espera 48 horas.* Antes de gastar 100 dólares en cualquier artículo que no es urgente, espero dos días para pensar si lo necesito realmente o sólo lo deseo.

Ya no cargo con deudas de tarjeta de crédito. Jamás. Si compro algo caro y lo cargo a la tarjeta, cuando llego a casa escribo un cheque por esa cantidad a la compañía de la tarjeta. Algunos meses envío hasta cuatro cheques, pero no me duele cuando llega la factura. Ya pagué mental y físicamente.

Salir de las deudas no sucede ganando la lotería, pregúntales a todas las personas que la han ganado y dilapidado cada centavo. Salir de la deuda empieza con un cambio en tu pensamiento, y después en tu comportamiento. Empieza con pasos pequeños, empieza separando tus deseos de tus necesidades.

Alguna vez escuché sobre una mujer que ahorraba cada moneda de 25 centavos que recibía, pues tenía en mente los 10 mil dólares que costaba la colegiatura universitaria de su hijo. Otra mujer ahorró el 10 por ciento de todo lo que ganaba, incluyendo dinero de Navidad y cumpleaños. Aunque sólo ganaba 5,800 dólares al año, pudo ahorrar 400 para una recámara nueva.

Una mujer dejó de fumar y después de nueve años compró un sistema de aire acondicionado, una nueva chimenea y alfombras para su casa con los 100 dólares que ahorró al mes. Todo ese efectivo solía desvanecerse en el humo. Otros me han dicho que ahorran 10 dólares a la semana en una cuenta que tienen para los gastos de Navidad. Hay quienes ahorran utilizando cupones del supermercado. Otra mujer puso en la sala un gran recipiente de vidrio con una etiqueta que decía "Vacaciones a la playa". Cuando sus hijos querían dinero para helado o dulces, ella les recordaba que podían elegir entre las golosinas o las vacaciones. Para el momento del viaje, la familia había ahorrado la mitad de lo que costaba. Los niños aprendieron una lección en la toma de buenas decisiones y, ciertamente, tenían más disciplina que mi esposo y yo. Nosotros solíamos aventar el cambio en un galón de agua vacío que teníamos en nuestra recámara. Nos tomó seis años llenarlo, pero cuando lo hicimos, contamos 1,300 dólares.

Vivir una vida abundante no significa ganarse la lotería, casarse con alguien rico ni obtener un ascenso. Empieza con un cambio en la conciencia y, a partir de ahí, se esparce. Lo primero es saber que lo que quieres no es siempre lo que necesitas, y con frecuencia ni siquiera es lo que realmente deseas. Empieza con tomar decisiones inteligentes que conduzcan a una gratificación a largo plazo.

No necesitas ganar cada discusión.
Puedes acordar desacordar.

Antes de casarme, un día me divertí leyendo sobre una pareja que creó un acuerdo prenupcial de dieciséis páginas que detallaba todo, desde no permitir que el auto bajara de medio tanque de gasolina hasta jamás dejar calcetines tirados en el piso. ¿Dieciséis páginas?

Después de casarme, ya no fue tan divertido. Cuando compré una casa con mi esposo, la tinta del contrato de compraventa todavía estaba húmeda al enfrentarnos a obstáculos importantes sobre detalles sin importancia.

Siempre he visto a mi pareja como alguien diplomático. Nos casamos tarde en la vida, el año en que yo cumplí cuarenta. Cuando empezábamos a salir, Bruce alguna vez comentó que había dos tipos de mujeres: aquellas que se pintaban las uñas y las que no.

—¿Cuáles prefieres? —le pregunté, cubriendo mis manos.

—Ambas —dijo, sin recordar a qué tipo pertenecía yo.

Su habilidad para decir la cosa correcta, incluso cuando no está seguro sobre qué decir, me impresionó. En una de nuestras primeras citas, tuvimos una prueba que me mostró qué tipo de hombre era. Estábamos en una cafetería, sentados en una mesa exterior con un amigo suyo, cuando una mujer atractiva, de grandes pechos que el sostén no parecía restringir, pasó por ahí. El amigo le dio un codazo a mi esposo, la voltearon a ver y se rieron como un par de adolescentes. Yo me sentí furiosa. Al salir, nos sentamos en el auto y le dije a Bruce que su comportamiento había sido rudo para la mujer y para mí. Yo esperaba que él cerrara los ojos, me dijera que era demasiado sensible y que lo superara. Me preparé para una discusión y revisé los puntos a discutir en mi cabeza. Bruce me escuchó, me miró directo a los ojos, tomó mi mano y se disculpó en ese momento.

—Estás en lo correcto —dijo—. Actué como un adolescente. Nunca lo volveré a hacer.

¿Qué? No estaba preparada para eso. Yo quería discutir, establecer mis puntos, quería ganar. En vez de eso, él se rindió.

Él es una de esas raras personas que, cuando están equivocadas, rápidamente lo admiten con la cabeza en alto y el ego intacto. No necesita ganar cada discusión y es el primero en admitirlo. Cuando ve que la discusión ha llegado a un *impasse*, con tranquilidad declara, como si fuera el ganador del Premio Nobel de la Paz:

—No me vas a convencer y no te voy a convencer, así que pongámonos de acuerdo en no estar de acuerdo.

Es difícil pelear contra eso.

Jamás había escuchado tal cosa hasta que lo conocí. Al principio, lo odiaba cuando se convertía en el Sr. Mediador y utilizaba esas palabras. Para mí, una discusión siempre empezaba con dos lados y terminaba con un ganador. Y yo debía ser quien ganara, jamás podía terminar en un empate. ¿Acordar desacordar? Eso significa que ninguno está en lo correcto y ninguno está equivocado.

Eso no es fácil, especialmente en el matrimonio. Cuando supimos que nuestra oferta por la casa había sido aceptada,

ambos empezamos a planear cómo nos estableceríamos ahí.
De manera instantánea tuve la sensación de que habíamos
comprado dos casas distintas. Yo quería tirar la mayor parte de
nuestra colección de muebles de venta de garage y empezar de
nuevo. Él no quería deshacerse de cada artículo raído —silla,
sillón, lámpara— que había tenido desde la universidad.

Él se imaginó que mi oficina iría en el cuarto del segundo
piso que tenía balcón. Yo quería el cuarto con las repisas para
los libros. Él quería convertir la barra de desayunar en un sitio
para la computadora. Ése era el lugar tranquilo que yo quería
utilizar para leer el periódico en la mañana. Él contaba con
comprar una lavadora y secadora pequeñas y apilarlas en la
cocina. Yo no podía imaginar el olor a detergente mientras
cocinaba espagueti. Él le echó un vistazo al porche lateral y se
imaginó una terraza cubierta. Yo, un columpio y plantas.

Intentando ser diplomática también, sugerí que nos imagi-
náramos lo que realmente haríamos en cada habitación antes
de renovar. Mmmm. Vamos a ver: cocina y comida o cocina y
lavandería. ¿Qué opción era más lógica? Barra de desayunar y
computadora era algo que no tenía mucho sentido para mí.
Él pidió el comedor para su pared de libros. El lugar parecía
librería para el momento en que él había desempacado.

Bruce quería poner repisas en el baño para un radio y una
televisión (él ve CNN mientras se rasura, aunque tiene barba).
Quería que la repisa con libros y revistas estuvieran encima
del escusado. ¿Libros en el baño? ¿Cuánto tiempo pensaba
pasar ahí?

Si es cierto que los hombres son de Marte y las mujeres de
Venus, mi esposo es de Plutón. Para mí, una habitación es un
lugar al que vas para refugiarte. Para él, una sala de estar, un
cuarto de entretenimiento. De hecho, él veía cada habitación
como un cuarto lúdico, y como nuestra casa no tenía el *oficial*,

él trataba de convertir cada habitación en uno. Cuando él decía sala de estar, yo me imaginaba compartimientos oscuros con papel tapiz de patitos, una pila de armas y diversos restos de animales (cabeza de venado, tiburón disecado, tapete de oso). A él no le gustan los cadáveres, pero necesitaba un lugar para todos sus artilugios —grandes y pequeños—, incluyendo la escaladora de 1000 dólares que ha usado un par de veces, a menos que cuentes su función para orear la ropa. Yo la llamo "el tendedero más caro del mundo".

Si piensas que soy inflexible, yo ya cedí en lo más importante: accedí a usar su cama, no la mía. Inmediatamente dijo qué lado quería, incluso cuando vivía solo él siempre dormía del mismo lado y mantenía el otro fajado durante toda la noche. Él es Virgo, así es que es ordenado, incluso cuando duerme.

Era más fácil negociar con las cosas grandes que con las pequeñas. Terminamos tropezando con las pequeñas cosas, esos baches de la vida. Él quería poner en las paredes los doscientos pósters que tenía; habría sido feliz si cada habitación se hubiera visto como un restaurante Friday's. Yo lo dejé poner su colección de objetos de la Guerra Fría en el comedor. Al menos las señales de refugios antinucleares, las cornetas amarillas de bombardeo aéreo, la lata gigante de las galletas de los sobrevivientes y el póster de una niña que preguntaba: "Mami, ¿qué pasa si cae una bomba?", nos hacía sentirnos agradecidos por cada comida.

Terminamos cediendo en todo, excepto por el resto de sus pósters de arte, los cuales permanecieron sin ser colgados, apoyados en las paredes durante un año. Yo quería un póster por pared; él los quería usar como papel tapiz. Finalmente, habitación por habitación, estuvimos de acuerdo en no estar de acuerdo. Él se salió con la suya con algunas paredes; yo, con otras. Llegamos a un punto muerto cuando debíamos decidir sobre los autos de carreras rojos enmarcados de negro. Parecían como algo que un muchacho de quince años colocaría sobre su cama, y quitaría cuando cumpliera dieciséis. Yo los quería tirar. Él quería ponerlos en un lugar protagónico.

—¿Podemos estar de acuerdo en no estarlo? —pregunté, intentando su rutina de Jimmy Carter.

Él finalmente estuvo de acuerdo en guardarlos en el sótano hasta que nos pusiéramos de acuerdo. Tres años más tarde, yo me topé con ellos.

—¿De quién es eso? —preguntó, asegurando jamás haberlos visto.

Los dos nos reímos mucho, sacamos el póster del sótano y aceptamos estar de acuerdo: los autos de carreras se veían excelentemente... en la banqueta.

Llora en compañía. Sana más que llorar en soledad.

Me encanta ir al cine, pues puedes sentarte en la oscuridad y llorar en el anonimato. Algunas veces lloro por la película; otras, por cualquier cosa por la que necesitaba hacerlo. Utilizo una buena película dramática para ponerme al corriente con todas las lágrimas que he suprimido y guardado durante mucho tiempo.

Cualquiera que me conozca bien me ha visto llorar. Mi hija se burla de mí porque lloro por los comerciales de Kodak y por los melodramas cursis de la televisión, donde puedes predecir el final incluso antes de que entre la música sensiblera.

Toda mi vida he sido una llorona. Cada día de la escuela primaria lloré por algo. Si era víctima de alguna injusticia o alguien más lo era, lloraba. Mis hermanos me molestaban por ser como un bebé; como también lo hacían algunos compañeros de clase y unos cuantos maestros. No podía evitarlo. Cuando sentía algo, salía por mis lacrimales. Durante años intenté guardar las lágrimas, mi objetivo era pasar un día completo sin llorar. Finalmente lo logré, pero hasta segundo de secundaria.

Cuando estaba en segundo de primaria, el presidente John F. Kennedy murió. Las monjas en la Escuela de la Inmaculada Concepción consideraron a la Primera Dama un pilar de fortaleza por no derramar públicamente una sola lágrima. Jackie era la viuda perfecta, la mujer perfecta, la católica perfecta. El mundo la veía con su velo negro y contemplaba una viuda noble, dignificada y estoica que jamás rompió en llanto sobre el ataúd de su marido, ni siquiera cuando el pequeño John John saludó con la mano cuando iba pasando.

Las monjas la compararon con María, la madre de Jesús. Nos dijeron que María no lloraba. Ni siquiera cuando se paró a los pies de la cruz. Ni cuando sostuvo a su hijo muerto. Ni en su tumba. Jamás. Por años, les creí.

Décadas más tarde leí que Jackie Kennedy solía pasar tiempo sola en el bote de una amiga, llorando la muerte de su esposo. Ella esperaba hasta estar mar adentro, miraba el vasto océano y lloraba por lo mucho que lo extrañaba. Cuando terminé de leer el artículo, yo también lloré. Qué triste tener que esconder tus lágrimas, especialmente lágrimas de tan profundo dolor.

Me pregunto qué dirían las monjas de ella al saber esto. Si lo pienso, no sé si esas monjas lloraron alguna vez durante mis ocho años de escuela católica. Si lo hicieron, jamás nos permitieron verlo. Quizá las lágrimas no son santas bajo las viejas reglas de la Iglesia.

Muchos años después de terminar la escuela, salió la película *Jesús de Nazaret*. Simplemente amé la escena en la que María se para a los pies de la cruz en medio de una lluvia torrencial, llorando por la muerte de su hijo. Ella no sólo lloraba, gemía y sollozaba. Esta María llora como una madre que ha perdido a su hijo, no una santa que se somete a la sacra voluntad de Dios. Ella llora como todos nosotros quisiéramos llorar, pero tememos hacerlo.

A la mayoría de nosotros se nos enseñó que las lágrimas son un signo de debilidad. Si te sucede algo en el trabajo, vas al baño a llorar. Te encierras y amortiguas los sollozos con papel de baño. Si uno lee cualquier artículo de negocios sobre cómo avanzan las mujeres en el mundo corporativo, éste dirá que sin lágrimas. Jamás les permitas verte llorar.

Si lloras abiertamente, la gente intentará detenerte, pues la hace sentir incómoda. Además, es socialmente inaceptable. Es peor que blasfemar. De hecho, la mayoría de la gente se siente más cómoda con alguien que blasfema que con alguien que llora. Llorar abiertamente muestra una falta de control, una pérdida de poder. En una cultura que valora la fortaleza, incluso que se te llenen los ojos de lágrimas es inaceptable.

Toda mi vida traté de volverme más fuerte llorando menos. Pero cada vez que escondía la tristeza dentro, mi rostro se ponía rojo, me dolían las mejillas y las lágrimas se escapaban sin importar cuánto intentara contenerlas.

Entonces, un día mi terapeuta me dijo que mis lágrimas eran un atributo positivo. Carol dijo que eran parte de mí, como mis ojos azules y mi cabello castaño.

—¡Qué hermoso don sentir tan intensamente! —dijo.

El mejor consejo que obtuve sobre llorar fue hacerlo con alguien. Carol me dijo que llorar solo no es tan poderoso como llorar con alguien más. Si lloras solo, seguirás llorando esas mismas lágrimas una y otra vez. Si lloras con alguien, esas lágrimas tendrán el poder de curarte para siempre.

Cuando estaba por obtener mi grado de maestra en Estudios de las Religiones, leí un libro acerca de un santo que casi perdió la vista por la cantidad y la frecuencia de su llanto. San Ignacio, que fundó la orden de los Jesuitas, consideraba que sus lágrimas eran un gran regalo de Dios. Él me inspiró a escribir un ensayo de 22 páginas sobre el don de las lágrimas.

Ignacio era un militar inclinado hacia la caballería y la búsqueda de la felicidad a través de mujeres y poder hasta que una bola de cañón deshizo su pierna y encontró a Dios. Él menciona la palabra lágrimas 175 veces en la primera parte de su diario espiritual y habla de lágrimas en cada anotación de la segunda. No eran unas cuantas gotas aquí y allá, sino grandes torrentes tan intensos que lo dejaban sin habla. Esas lágrimas le dieron grandes regalos: humildad, intimidad con Dios, mayor devoción, paz y fuerza. Él consideraba que las lágrimas eran una gracia mística.

Realmente es algo negativo que tantos hombres y mujeres se rehúsen a llorar y presuman de ello. Recuerdo que alguien me dijo después de ver la película *La lista de Schindler* que casi había llorado. ¿Casi? ¿Por qué se contuvo?

¿Por qué lo hizo Jackie? ¿Las monjas? ¿Por qué lo hace cualquiera? Yo no podría aunque quisiera. Yo dejo que mis lágrimas fluyan y me aseguro de que mi rimel sea a prueba de agua.

Uno de mis versículos favoritos de la Biblia cristiana es el más corto de todos: *Jesús lloró.* Él mostró su humanidad. Él derramó lágrimas confusas e impropias de un hombre. No lo hizo en privado. Lo hizo frente a sus amigos y seguidores; frente a una multitud.

Debemos dejar de esconder nuestras lágrimas y, en realidad, compartirlas. Se necesita que alguien sea fuerte para llorar. Se necesita que alguien sea incluso más fuerte para dejar a otros ver esas lágrimas. Debemos ser lo suficientemente fuertes para demostrar ternura, sin importar quién esté mirando.

El órgano sexual más importante es el cerebro.

Mi amiga Sheryl quería que conociera a su amigo.

—No me gustan las citas a ciegas —le dije.

—Es sólo una fiesta —comentó.

Ella no me dijo mucho del hombre. Tenía barba, estaba divorciado, trabajaba en relaciones públicas. Eso fue todo.

No le hubiera dado ninguna oportunidad si me hubiera dicho que fumaba, que era un agnóstico amante del jazz y el sushi, que le fascinaba la vida en las grandes ciudades y que era un Virgo al que no le gustaba estar en casa. Yo era una Géminis que no fumaba, católica y vegetariana, que amaba la música country, los pequeños pueblos y quedarme en casa casi todas las noches. En teoría, no haríamos una buena pareja.

En el último minuto, decidí ir a la fiesta aquella noche de 1992. Sheryl me presentó a Bruce, y no dejamos de hablar. Nos sentamos en un sillón durante horas. Él amaba su trabajo y tenía una pasión por hacer una diferencia en el mundo. Sus ojos color café me hacían sentir segura; eran hermosos y cálidos y, sin embargo, estaban llenos de vitalidad y entusiasmo. Había algo en esos ojos.

Llamó al día siguiente y hablamos durante tres horas. Supe que cantaba en la regadera y lloraba en las películas. A pesar de esto, fui cautelosa. Me había alejado de los hombres durante un tiempo; había permanecido célibe por casi dos años. Después de unos cuantos años de terapia intensa para lidiar con cuestiones de mi niñez, quería romper el patrón de atraer hombres que no estaban disponibles y que se oponían a la intimidad y al compromiso. Quería alguien que me amara, que me quisiera a largo plazo. Como toda mujer herida, quería a alguien que jamás me lastimara, que jamás me decepcionara, que jamás me rechazara o abandonara. Era una petición imposible.

No sabía qué hacer con Bruce, así es que en nuestra primera cita real le di tres opciones: ir a ver una película, ir a cenar o conducir al pueblo donde creció y hacer un *tour* de sus casas, escuela y puntos de interés, para que pudiera saber más sobre él, pero me volteó el tema, y sugirió que hiciéramos el *tour* en mi pueblo natal.

Condujimos a Ravenna, población de 12,000 habitantes. Pasamos por mi primaria, secundaria, preparatoria, por los lugares donde trabajé, mi antigua casa y mi iglesia. Terminamos en el cementerio donde están enterrados mis abuelos. Nos sentamos en el auto, observando una luna con la forma de la punta de una uña, que se elevaba sobre el cielo encendido y los árboles desnudos. Él declaró que ese momento conmigo era tan mágico como el sexo. Este hombre ciertamente era distinto de cualquiera con el que hubiera estado antes.

Más tarde, esa noche terminamos en un restaurante hablando sobre lo que buscábamos. ¿Se volvería a casar? ¿Me casaría yo alguna vez? Estuvimos de acuerdo en una cosa: si lo hacíamos, no elegiríamos un esposo o una esposa, sino un compañero de vida, un mejor amigo.

Esa noche empecé a tener confianza en amar a un hombre. Bruce era brillante, divertido y honesto. Me enteré que era judío, pero que ama cantar villancicos afuera de las cafeterías en diciembre; que recomienda a los niños ver *La pandilla*, tiene toneladas de libros en su sala y dejaría de fumar por la persona correcta.

Él amaba mi cabello salvaje y ondulado, mi nariz delgada, mis manos, mis pecas. Él me enseñó fotos de su mamá, abuela, hijos y hermanos. Incluso sacó su celular, lo apagó y dijo, "Yo nunca hago esto". Me envió por correo una cinta con canciones románticas y jazz de un lado y sus villancicos favoritos del otro. Dijo que lo había enviado para seducirme. Funcionó.

Sus palabras y actos de amabilidad me hacían sentir segura. Actuaba como un niño, tan feliz de verme. Sostenía mi mano y nos sentábamos a platicar por horas. Era como tener una fiesta de piyamas con tu mejor amigo. Bruce se convirtió en mi amigo.

No nos acostamos hasta no tener La Plática. Y ésa fue su idea, no la mía. Una vez nos sentamos toda la noche hablando en el sillón. Él quería saber sobre mis relaciones pasadas, todas las desviaciones y los caminos rotos que me habían llevado a él. Bruce había permanecido casado durante quince años, y habían pasado dos desde su divorcio. Yo jamás había durado más de un año con el mismo hombre, aún tenía muchos conflictos de papá, atraía hombres que se parecían a él y, a su vez, cargaban conflictos no resueltos con mamá. Esa no era una buena combinación. Él bromeaba que le gustaba una mujer con pasado. Nos reímos, pero también lloramos mientras yo hablaba y él escuchaba sobre los desafíos de amarme. Todavía había mucha curación por hacerse. En toda mi vida, jamás me había sentido tan física y emocionalmente segura con un hombre, casi no estaba consciente de mis propias necesidades de intimidad. Crecí creyendo que una mujer debía desempeñar un papel ante un hombre, y si sacaba algo bueno del negocio, bien; si no, no importaba.

Bruce me alentó a hablar de todo, a decir lo que me gustaba y lo que no. Yo no sabía lo que quería o deseaba en una relación, porque nunca tuve la oportunidad de descubrirlo. La mayoría de las personas emerge en un ser sexual. Cuando de niño eres víctima de un abuso sexual, o de una violación en tu adolescencia, como yo lo fui, tu identidad sexual es robada. No puedes madurar gradualmente. Cuando la sexualidad de alguien más es forzada en ti, eso atrofia tu propio crecimiento. Yo pasé toda mi vida adulta tratando de complacer a un hombre, haciendo todas las cosas que yo creía que iban a satisfacerlo, pero no tenía idea de lo que me hacía sentir bien a mí.

Bruce no quería eso. Él me dijo que la clave de nuestra relación era construir y conservar una amistad, que el sexo no construiría o destruiría una relación. Me enseñó una gran y eterna verdad: la amistad es primero. Esa es el alma de la relación, dijo.

Antes de conocer a Bruce, una amiga mía en rehabilitación había compartido conmigo la creación de nuevas formas de relacionarse con los hombres, utilizando el texto básico de Alcohólicos Anónimos. Los escritores tenían un buen sentido del humor, pues los consejos para la vida sexual empiezan en la página 69. El libro te recomienda hacer un inventario personal, observar los resentimientos y los temores, pero también echar un vistazo a la vida sexual, lo que funciona y lo que no. Después te recomienda crear, junto con Dios, un ideal sensato y sano sobre lo que está bien para ti.

Yo necesitaba confiar en Dios sobre mi sexualidad. Necesitaba ver el sexo como un regalo que surge de un Dios que me creó con deseos y anhelos y pasiones. Necesitaba saber y creer que Dios era lo suficientemente creativo como para diseñar hombres que no abusaran de mí ni me abandonaran.

El sexo debía ser parte de una relación mayor, más completa. Esta vez lo fue. Antes de que llegáramos a tercera base, nos sentamos y hablamos durante horas. En algún momento, Bruce señaló su cabeza y dijo:

—El sexo está aquí.

"No se trata de desempeñar un papel para el otro. No es tu trabajo complacer a nadie.

"No es que lo importante del sexo sea tener un orgasmo —dijo—. Ese es el betún. Todos los otros ingredientes hacen el pastel. Hagamos el pastel.

Y lo hicimos. Una década más tarde, todavía nos la pasamos muy bien horneando. Nuestra vida sexual nunca ha dependido solamente de nuestros cuerpos. Eso es bueno, porque llega la edad y los transforma. En mi caso, el cáncer lo hizo. Después de perder mis pechos por la enfermedad, me tomó algo de tiempo volver a sentirme sexy. Bruce me dijo que mi cerebro volvería a programarse. Estaba en lo correcto.

Cuando se trata de sexo, la zona erógena más importante se encuentra entre tu oreja derecha y tu oreja izquierda.

LECCIÓN
11

Dios nunca nos pone más peso del que podemos cargar.

En el libro *Palabras, ojos, memoria* hay un renglón fascinante que te hace ver de manera diferente las cosas que cargamos, los problemas que nos ofenden, los regalos que envidiamos.

La autora, Edwidge Danticat, describe un grupo de gente en Guinea que lleva el cielo sobre sus cabezas. En su novela lírica sobre la tragedia y el trauma a los que se enfrenta una familia de mujeres, Danticat cuenta el relato de unas personas que eran tan poderosas como para poder soportar cualquier cosa; y aunque esta gente no sabía que era elegida para ello, su Creador la diseñó para llevar a cuestas más peso. De modo que si tú experimentas muchas dificultades en la vida, confía en que fuiste diseñado para soportarlas.

A algunos de nosotros se nos pide que aguantemos más. Mi tío Paul fue elegido para cargar parte del cielo.

Él y mi tía Verónica eran mis padrinos. Ellos ya tenían cinco hijos cuando el último nació. Al enterarnos, lloramos. La buena noticia era que había sido niño. La mala, que tenía algo mal.

Brett Francis Kelly nació en 1972, cuando la gente utilizaba palabras como *mongoloide* y *retrasado*. Era un tiempo en el que los parientes murmuraban las malas noticias con lágrimas, cuando los doctores sugerían cuidado institucional y el apoyo para niños con necesidades especiales no existía.

Brett no era el bebé perfecto y sano por el que todo padre pide. Él tenía diez dedos en las manos y diez dedos en los pies, pero también algo más: mi primo nació con un cromosoma extra, tenía síndrome de Down. En aquel entonces, los niños con síndrome de Down no eran considerados especiales, se les consideraba un desastre; pero mi tía y mi tío lo amaban de la misma manera que a sus otros cinco hijos.

Después, a mi tía le dio cáncer. El cáncer de mama hizo metástasis en los huesos. Ella murió cuando Brett sólo tenía tres años. Dejó a mi tío viudo y con seis hijos. ¿Cómo podría mi tío Paul criar a seis hijos solo? El mayor apenas tenía 14.

Las cosas se pusieron peor. Al tío Paul lo despidieron de su trabajo. Él había faltado mucho por cuidar a su mujer enferma. No había ninguna Licencia por Ausencia Médica que lo protegiera. ¿Qué le sucedió a la familia? Mi tío la mantuvo unida. Hizo de Brett el centro de su universo. De alguna manera, la pieza rota los mantuvo unidos.

Mi tío Paul jamás se quejó por ser el padre soltero de seis. Obtuvo una certificación como vendedor de bienes raíces, así es que pudo trabajar desde casa. Él hacía la lavandería y limpiaba la casa cuando los niños se iban a dormir. Jamás volvió a casarse. Solía decir, "Me casé de por vida". Hizo de Brett su compañero; eran inseparables.

Brett no tenía botón para filtrar las cosas. Si pensaba en algo, lo decía, no podía mentir. Cuando veía a una mujer con unas pompas enormes, él anunciaba, "Tienes un trasero enorme". Cuando atrapaba el reflejo de su figura rechonchita decía "Soy tan sexy", y lo creía.

Brett dejaba su marca en todos lados. En la boda de mi prima Bridget, pretendió ser el barman. En la boda de mi hermano Jim, giró en la pista de baile hasta que sus pantalones casi cayeron. En el funeral de mi tío John, se derramó el agua en sí mismo, se quitó los pantalones y terminó envuelto en una cobija.

Jamás creció. Esa era la alegría de Brett. Permaneció niño. También siguió siendo el mejor amigo de su papá. Las décadas volaron. Cada hijo jugó a ser mamá, después se fue a la universidad y heredó el papel al hermano que le seguía.

Cuando mi tío cumplió 80, nos preguntamos quién se haría cargo de Brett algún día. El problema no era que Brett fuese una carga que nadie quisiera llevar a cuestas. El problema era que todos sus hermanos querían que se mudara con ellos.

No fue mucho después de que mi tío cumpliera 80 cuando nos enteramos de las malas noticias.

El día antes de la boda de la hermana de Brett, la familia se había reunido para el ensayo. Habían pasado el día juntos todos los hermanos y hermanas y suegros y nietos y el tío Paul. En algún momento, de la nada, Brett les dijo:

—No se preocupen. Mamá está aquí. Todo va a estar bien.

Después de la cena, Brett colapsó debido a una embolia pulmonar. Nadie pudo revivirlo.

La funeraria estaba llena de fotos a más no poder. Brett con su saco de la Primera Comunión. Brett con toga y birrete. Brett en su uniforme de básquetbol. Brett con sus medallas de las Olimpiadas Especiales. Mi tío se había asegurado de que la vida de Brett fuese rica.

En la misa del funeral, el sacerdote nos pidió que examináramos cómo usamos nuestros regalos. Brett adquirió sus dones naturalmente, dijo el sacerdote. Venían con ese cromosoma extra.

—Necesitamos a los Bretts de este mundo —dijo en su sermón—. Brett no estaba discapacitado. Él nos mostró lo que

Dios espera de nosotros: que celebremos cada vez que respiramos.

También necesitamos a los tíos Paul del mundo. Fue su fortaleza silenciosa la que mantuvo el mundo para que Brett pudiera brincar en él, para que Brett pudiera celebrar todo como sólo él podía hacerlo. En su mundo, el Conejo de Pascua y Santa Claus eran reales, los cumpleaños duraban siete días y no había tal cosa como las razas, sólo personas con un mejor bronceado.

Mi tío sonrió cuando su hijo Paul pronunció el elogio fúnebre.

—La gente siempre nos comentó que nosotros éramos un gran regalo para Brett —dijo Paul—. Era al revés. Él fue un gran regalo para nosotros.

El tío Paul lo hizo posible manteniendo unida a la familia, sujetando el cielo encima de ellos.

Mi tío me llamó un día sólo para decirme lo orgulloso que está de mí. Yo guardé el mensaje y lo vuelvo a poner para escuchar su voz, temblorosa por el Parkinson y la edad, todavía llena de dulce gratitud. El tío Paul jamás se lamentó por la vida que le tocó.

Él sería el primero en decir que Dios nunca nos pone más peso del que fuimos diseñados para cargar. Algunos de nosotros fuimos diseñados para más, algunos para menos. Aunque se nos pida que carguemos una porción de cielo que va más allá de nuestras fuerzas, debemos considerarlo un regalo.

Haz las paces con tu pasado para que no te eche a perder el presente.

¿Alguna vez has tenido alguno de esos días en que todo parece estar bien y, de repente, ya no?

Nada en el exterior ha cambiado, pero todo en tu interior acaba de hacerlo. Algo que no puedes nombrar sucedió y, repentinamente, te encuentras en un agujero en lo más profundo de tu ser.

Es difícil descifrar qué fue lo que te hizo descender en espiral. Un ruido. Un aroma. Un comentario. Algo tan pequeño te envía nuevamente a tu propia oscuridad, temor y desesperación; sucede tan rápido, que no sabes cómo llegaste ahí. O algunas veces puedes sentir que caes en cámara lenta, pero no puedes evitarlo.

¿Qué lo detona? Es distinto para cada quien, especialmente aquellos que han sido víctimas de abuso o abandono en alguna de sus formas. Para mí, algo tan pequeño como el aroma y el gis y los cartones de leche lo logra. La visión de pequeñas sillas plegables, como las que teníamos en primer grado. El sonido de un niño que llora en una tienda. La visión de un padre enojado que arrastra a su pequeño por un estacionamiento. El sonido de los golpes, piel con piel, en una película violenta.

Algunos días, cualquiera de ellos me envía al hoyo. De repente, me siento atemorizada y sola y desconectada. Yo los llamo "ataques de la niñez". De repente, dejo de ser un adulto funcional, me siento impotente, me siento atemorizada y no puedo descubrir por qué. Un terapeuta que solía tratar a veteranos de Vietnam me dijo que los adultos que sufrieron abuso y abandono durante la infancia pueden tener estrés postraumático. Las heridas de la niñez permanecen con nosotros durante años; como una metralla, las piezas siguen horadando su camino a través del cuerpo.

Solía tomarme días escalar el agujero. Mientras tanto, iba al trabajo, preparaba la cena, jugaba con mi hija, intentaba funcionar, pero dentro de mí sentía que estaba al borde del colapso emocional. Si alguien jalaba una cuerda más, me desharía como una madeja de estambre, y ya no estaría completa.

Todos tenemos hoyos de la niñez. La mayoría de la gente tiene unos cuantos aquí y allá que son lo suficientemente pequeños como para poder evadirlos y de los cuales se puede salir fácilmente. Otros tienen un paisaje lunar de cráteres profundos dejados por parientes o maestros mentalmente enfermos, encuentros con violencia doméstica y abuso sexual, o golpes y furia de padres que también fueron niños alguna vez, y sufrieron abuso o abandono de alguien más.

Es difícil que las cosas grandes te empujen al hoyo. Las cosas grandes puedes verlas y evitarlas, si ves o escuchas que un tren se acerca, sales de las vías y te mantienes fuera del camino. Son las pequeñas cosas las que te lanzan al vacío. Cosas que no ves venir hasta que las puedes contemplar por el retrovisor.

Un día estacioné el auto en el garage, como hago todos los días. Mi esposo estaba parado en la entrada y me dijo que moviera el auto un par de centímetros, así lo hice; aun así, no fue suficiente para él e insistió en que lo moviera un poco más. Yo pude haber sonreído fácilmente y moverlo, o dejarlo hablando solo o darle las llaves para que lo estacionara perfectamente. En vez de eso, sentí una furia instantánea que se apoderaba de mí, como si él hubiese encendido la corta mecha de una bomba. ¡BUUUM! Fui lanzada a mi niñez. ¿Por qué tengo que ser perfecta? ¿Por qué no puedo ser lo suficientemente buena? ¿Por qué me preocupo siquiera?

Pero en vez de explotar, normalmente sufro una implosión. En vez de gritar y enfurecerme, me derrumbo y lloro. Son lágrimas viejas. Puedo sentir que provienen de un lugar distinto en mí. El rostro me duele, la nariz me duele y, después, necesito dormir.

¿El incidente con el auto? Horas más tarde, pude rastrearlo en el tiempo al momento exacto en que se detonó hacía décadas, cuando tenía 21. Estoy parada en la entrada de la casa de mis padres, y mi papá quiere que lo ayude a poner una televisión en la cajuela de su camioneta. Está pesada, la situación es poco práctica y no estoy segura de cómo espera que cargue el aparato y lo apretuje en el pequeño espacio donde él señala. Le ayudo a cargar la televisión y la deslizo en el auto. Me dice que la mueva hacia atrás. ¿Dónde atrás? No sé lo que él quiere. Me grita. Mi papá callaba o gritaba. No sé por qué, pero iba de cero a cien en un segundo. Su furia generalmente venía acompañada por frases como: "¿Qué demonios te pasa? ¿Es que no puedes hacer nada bien?"

Mientras estaba parada en la entrada, con la televisión en los brazos, él gritó. Yo no podía dejar caer la televisión e irme, así es que estaba atrapada y me convertí en el blanco de su enojo. Nunca hubo una disculpa, jamás una explicación de que pasaba por un mal día o un mal momento.

Con el tiempo aprendí a zafarme. Primero debes reconocer que estás atorado. Para mí el signo de advertencia es el siguiente: cuando mis emociones no concuerdan con lo que acaba de suceder, se trata de algo de la infancia. Yo he aprendido a congelar el momento, como si le pusieras pausa a una película, y preguntarme: "Espera. ¿Esta reacción tiene que ver con el momento presente o se trata del pasado?" No puedo cambiar el pasado, pero al cambiar mi respuesta a sus residuos, puedo cambiar el presente.

Una terapeuta me ayudó a no caer en el agujero utilizando esta técnica. Toma una tarjeta y escribe las pruebas de que eres un adulto funcional. Escribe tu edad, nivel de educación, grados, trabajo, el hecho de que puedes manejar un auto, ser padre, votar y otras cosas que hacen los adultos. Cuando sientas que te tambaleas y puedes caer en un agujero, saca la tarjeta y léela. Ánclate en el día de hoy, en el adulto que eres, no en el niño que fuiste alguna vez. Eso te ayudará a retomar tu equilibrio.

Del otro lado de la tarjeta, anota los datos de tu equipo de búsqueda y rescate. Haz una lista de los amigos que constituyen tu 911, para que te ayuden a salir del hoyo. Elige a la gente en tu círculo interno, la gente que más te ame, tal cual eres, gente que no tema buscarte en la oscuridad, gente que pueda jalarte de nuevo a la luz.

Se necesita todo un trabajo para reprogramar tus pensamientos sobre ti mismo, pero cuando lo hagas, todo en tu vida mejorará, especialmente tus relaciones más íntimas. Si tú no haces el trabajo difícil, constantemente te tropezarás con tu pasado y te encontrarás con lo peor de tu mamá y de tu papá en cada relación. Reprogramar tus pensamientos no eliminará los agujeros en la vida, pero puede evitar que caigas en ellos.

Mis amigos en rehabilitación me contaron esta historia:

Un borracho deja el bar una noche y de camino a casa se tropieza y cae en un hoyo profundo. No puede salir. Un transeúnte le avienta una Biblia, cita un pasaje de las Escrituras para darle esperanza y se va. Un terapeuta se detiene e intenta ayudarle a averiguar la razón por la que cayó en el hoyo. Finalmente, un alcohólico en rehabilitación escucha los gritos y se detiene.

—¿Puedes ayudarme, por favor? —grita entre sollozos el hombre en el agujero.

—Seguro —dice el hombre sobrio y después salta.

El alcohólico grita:

—¡Ay, no, ahora *ambos* estamos atorados en este agujero!

El hombre sobrio sonríe y dice:

—No te preocupes. Yo he estado aquí antes y conozco el camino. Vamos a salir juntos.

El objetivo no consiste en caminar alrededor del hoyo, ni en salir más rápido. El objetivo es llenar el agujero para que nadie más se caiga en él. ¿Con qué lo llenas? Con Dios. Y eso quiere decir amor. Amor hacia ti, hacia los demás, hacia Dios.

La última vez que salí del agujero de "no valgo lo suficiente", me pregunté: "¿Cómo podré creer alguna vez que valgo lo suficiente?" La respuesta llegó desde esa pequeña voz del corazón: "Ayudando a otros a creer que *ellos* valen lo suficiente".

Permite que tus hijos te vean llorar.

Mi papá no lloraba. Durante los 42 años que lo conocí, recuerdo haberlo visto llorar sólo dos veces. La primera, cuando su hermana menor murió de cáncer. La segunda, cuando se enojó y corrió a mi hermano de la casa.

Él lamentó esa decisión en el momento en el que mi hermano cerró la puerta, tomó el auto y se fue. Papá estuvo decaído durante semanas, y después, finalmente, con lágrimas en los ojos, me pidió que convenciera a mi hermano de regresar.

Cuando era niño, a papá no le permitían llorar. La vida era demasiado dura como para derramar lágrimas. Él tenía que ser más fuerte. Había sobrevivido a la Gran Depresión, pero la granja familiar no. Le tocó ver cómo la granja que amaba se escurría entre las manos de su propio padre. Ellos se quedaron sin dinero; se quedaron sin suerte. A mi papá le gritaban por darle unas cuantas avenas extra a los caballos, que seguramente habrían muerto de hambre si no lo hubiera hecho. Él dejó la escuela en segundo de secundaria para irse a trabajar y ayudar a mantener a la familia.

Papá no era partidario de las lágrimas. Cuando llorábamos, nos daba de gritos diciendo: "¿Por qué lloran? Les voy a dar una buena razón por la cual llorar".

Eso sólo me hacía llorar más. Hay demasiados hombres que crecen sin derramar una lágrima. Alguna vez leí un artículo sobre el gran jugador de beisbol, Pete Rose, quien lloró finalmente al alcanzar un objetivo deportivo. Él dijo a la prensa que era la primera vez que lloraba. ¿La primera vez? Él ya era padre. ¿Es que no había llorado cuando su propio hijo había venido al mundo?

Hay algo especial si dejas que tus hijos te vean llorar. Eso no significa que seas débil, sino que eres humano. Les permite saber que pueden sentir la vida profunda y plenamente. Jamás olvidaré al papá que una vez me llamó para compartir la satisfacción de que su hijo lo viera llorar durante el mejor partido de básquetbol que hubiera presenciado.

LeBron James estaba jugando esa noche, *El Elegido* tenía una cobertura de la prensa nacional y un séquito fiel, incluso desde la preparatoria. Él manejaba un Hummer y, antes de entrar a la NBA, ya tenía negociaciones de millones de dólares para anunciar tenis.

Como muchos papás, éste quería que su hijo viera jugar a LeBron, así es que llegaron al gimnasio de la preparatoria muy temprano para conseguir un buen asiento. LeBron era el mejor jugador de preparatoria que se hubiera visto en años. Pronto sería arrebatado por los profesionales, pero por ahora, jugaba para su preparatoria, la escuela St. Vincent-St. Mary, en Akron.

El papá y su hijo se sentaron en las tribunas esperando que el juego del equipo de la preparatoria Wadsworth terminara. De repente, a un minuto de acabar, el juego se detuvo. Wadsworth estaba ganando por 10 puntos cuando el entrenador de la preparatoria Cloverleaf detuvo el partido. La audiencia silbó, preguntándose por qué el entrenador había pedido un tiempo fuera con tanta diferencia en el marcador, cuando todos estaban ansiosos de que el juego estelar empezara, el juego que importaba, el juego con LeBron.

Fue entonces cuando el papá notó al jugador bajo y delgado sentado al final de la banca. El muchacho llevaba la playera verde con el número 10 de los Potros de Cloverleaf. Cuando el jugador se levantó de la banca, el papá observó la cojera del niño, la sutil inclinación de la cabeza, la forma en que la mirada parecía un poco ida, la oreja con cicatrices que no terminó de crecer en el vientre materno.

El papá no sabía que un catéter en el cerebro lo mantenía vivo, drenaba el agua y no dejaba que se entregara al máximo a los deportes. El niño no se podía permitir un golpe en la cabeza. Órdenes médicas.

El entrenador había planeado meter a Adam Cerny en el juego, sin importar lo cercano que estuviera el puntaje. Él sabía lo mucho que Adam quería jugar en contra del gran rival de la escuela y también que el chico se había ganado ese derecho. Adam era el primero en llegar para cada entrenamiento y el último en irse. Él limpiaba el piso, llevaba botellas de agua y sacaba las pelotas.

El papá y el hijo en las tribunas observaron cuando Adam interceptó un pase y lanzó un tiro desde más allá de la línea de tres puntos. Falló.

En lugar de lanzarse por la pelota para llevarla al otro lado de la cancha y acumular más puntos, los adolescentes del equipo opuesto no se movieron. Ellos querían que Adam tuviera otra oportunidad.

El reloj seguía avanzando. Adam lanzó y falló. Doce segundos. Falló nuevamente. Y otra vez. Diez segundos. Nueve segundos. El equipo de Wadsworth se rehusaba a tomar la pelota. Un jugador incluso le señaló a Adam que se acercara, pero el niño no quiso.

Para ese momento, todo el mundo estaba parado y ovacionando a Adam Cerny. La gente que lo conocía gritaba:

—¡Vamos, Adam! ¡Cer-ny! ¡Cer-ny!

A cuatro segundos de terminar, Adam lanzó la pelota. El timbre rasgó el aire cuando el balón pasó como ráfaga por la red.

La multitud enloqueció.

Los partidarios de ambos equipos se pararon y ovacionaron y aplaudieron. Los jugadores de Wadsworth le dieron un apretón de manos y palmadas en la espalda. Los dos árbitros en el gimnasio celebraron. Uno volteó a ver al otro y dijeron, una y otra vez:

—Hombre, eso fue conmovedor.

El papá en las tribunas empezó a llorar. Lloró porque el básquetbol preuniversitario se había transformado. En un estadio diferente, habría buscadores de autógrafos, equipos de televisión y guardias de seguridad rondando a un adolescente que tenía equipos legales listos para negociar sus anuncios de tenis en millones. Lloró por el que habían apodado King James, pues no iría a la universidad y entraría directamente a la NBA.

El papá lloró por el tiro que había sido mejor que el que cualquier profesional hubiera lanzado, universitario o preuniversitario. Sus ojos se llenaron y las lágrimas cayeron. Cuando volteó hacia arriba, su hijo —un niño de cinco— le preguntó si las lágrimas eran porque Cloverleaf había perdido el juego. El papá no pudo explicar. Sólo sonrió y abrazó fuertemente al pequeño.

¡Qué regalo le dio ese padre a su hijo! Espero que el niño recuerde esas lágrimas. Espero que el papá le cuente la historia de lo que las causaron, y les dé a ambos un buen motivo para llorar.

No compares tu vida con la de otros, pues no sabes en qué consiste su propio viaje.

Durante el Día de la Vocación, siempre me escondía. La directora de la Inmaculada Concepción anunciaba que el Padre Fulanito iba a hablarnos sobre elegir una vocación. Sólo había dos opciones: convertirte en monja o en sacerdote.

Le tenía pavor a La Plática. El sacerdote caminaba por el salón, examinando nuestros rostros en busca de halos. Él nos decía que algunos niños y niñas tenían una vocación, un llamado para hacer algo especial con sus vidas.

Yo me escondía detrás del niño frente a mí para que el sacerdote no me eligiera, y tampoco Dios. Si Dios no me veía, no me escogería. No quería usar un hábito y esconder mi cabello en ese artilugio que las dominicas usaban en la cabeza y sólo dejaba ver el rostro.

El día de reclutamiento, las opciones eran simples: elegir a Dios o elegir el mundo. La única manera de servir completamente a Dios era estar en una orden religiosa. Había tantas para elegir: sacerdotes Franciscanos, Jesuitas o de Maryknoll; monjas Ursulinas, Dominicas o del Verbo Encarnado. Ellos incluso tenían folletos para atraer reclutas, como en el ejército.

Por lo que sé, nadie en mi clase recibió el llamado. Todos elegimos trabajos y vidas normales, elegimos salir con gente del sexo opuesto, casarnos, tener hijos, y no siempre en ese orden. Yo algunas veces llegué a preguntarme si no nos habíamos conformado eligiendo el mundo por encima de Dios. No teníamos vocaciones ni llamados; optamos por trabajos y carreras.

Me tomó años llegar a entender el concepto de vocación; comprender que cada persona tiene una y las elecciones no están limitadas a las órdenes religiosas. También me costó darme cuenta de que no debía comparar ni medir mi vocación con respecto a la de nadie más.

Todos estamos en este mundo por algo mayor que nuestro pequeño ser. Todos tenemos una misión, una tarea, un llamado, una vocación que es nuestra y sólo nuestra. La mejor descripción que he leído del término es la del escritor y teólogo Frederick Buechner, la cual me ayudó a afinar mi enfoque en la vida. Para parafrasear a Buechner, el lugar que Dios ha elegido para ti es la intersección donde se encuentran tu más grande alegría y la más grande necesidad del mundo.

Durante años luché por encontrar la mía. Quería una vida que tuviera significado y sentido. Trastabillé por un sendero roto lleno de baches y desviaciones y conos de construcción color naranja. Trabajé como cajera despachando vitaminas en una farmacia, después, como mesera. Usé un uniforme rosa y una red para el cabello cuando trabajé en la cocina de un hospital, colocando licuados de ciruela pasa en las bandejas de los pacientes. Di primeros auxilios como técnica de emergencias médicas, recogí cadáveres para una funeraria. Cobré multas por exceso de velocidad y llené expedientes cuando trabajé para el área de tránsito. Mecanografié escritos legales como secretaria del defensor público del condado. Fui la recepcionista de una clínica de rehabilitación para pacientes alcohólicos. También fui terapeuta de personas con problemas de alcoholismo, y llegué a hacer terapia de grupo.

Me tomó décadas llegar a escritora, y hacer lo que amo. Todo el tiempo solía voltear alrededor y comparar mi interior con el exterior de todos los demás. Quería lo de los demás simplemente porque no lo tenía. "Para todos los demás era mucho más fácil", lloriqueaba. Quería sus vidas. Parecían mucho mejores que la mía.

Dejé de quejarme el día que mi prometido me engañó y le devolví el anillo. Un hombre no es un plan financiero, me di cuenta finalmente. Mi futuro dependía de mí, y fue entonces cuando regresé a la universidad y perseguí mi sueño de ser escritora.

Con el tiempo, descubrí que en la economía de Dios, nada se gasta. Todos esos "trabajos sin futuro" me prepararon para el trabajo de mis sueños como periodista. Haber sido técnica en emergencias médicas me enseñó a trabajar con fechas límite. Recoger cuerpos muertos me enseñó a hablar con las familias dolientes. Trabajar en el sistema jurídico me enseñó a leer escritos legales y a investigar registros criminales para futuras historias. Ser consejera de personas alcohólicas me enseñó a entrevistar y a escuchar, lo que a su vez me ayudó a desarrollar el detector de mentiras que todo periodista necesita.

Todos mis trabajos me prepararon para la tarea de mi vida.

Me encanta decirle a la gente que no he trabajado desde 1986. Me pagan por escribir. ¡Por escribir! Mi vocación es inspirar a la gente a través de la escritura. Ese es el lugar donde mi alegría más profunda y el hambre más profunda del mundo se encuentran. Escribo para que la gente se sienta menos sola.

¿Cuál es tu alegría más profunda? ¿Dónde se encuentra con el hambre más profunda del mundo? ¿Es todo? Eso es lo que tú necesitas descubrir.

La gente que desconoce mi viaje podría decir, "Tienes tanta suerte". ¿Suerte? Reconozco que ha sido gracia, pero no suerte.

Puedes compararte con los que están encima y llorar o puedes compararte con los que están abajo y regodearte, o puedes mantenerte concentrado en ese hombre o mujer en el espejo y abrazar su tarea única con gratitud.

¿Cuál es tu tarea aquí?

Puedes ser cualquier cosa —doctor, abogado, trabajador social, alcalde, presidente, columnista—, ¿pero por qué no descubrir tu llamado?

No importa lo que te ha sucedido, importa lo que haces con lo que te ha sucedido. La vida es como un juego de póquer. No puedes elegir las cartas, pero depende de ti totalmente cómo juegas tu mano. Una de mis líneas favoritas en la película *Harry Potter y la cámara de los secretos* es cuando el gran sabio Dumbledore le dice a Harry: "No son nuestras habilidades las que muestran quiénes somos realmente. Son nuestras decisiones".

La elección, no la casualidad, es lo que determina tu destino. Depende de ti decidir lo que vales y cómo eres significativo para el mundo. Nadie más tiene tus dones, tu serie de talentos, ideas, intereses. Eres un original, una obra maestra.

Muéstrale al mundo el milagro de tu ser. Fíngelo hasta lograrlo. Todos fingimos. Los más grandes escritores se levantan todos los días sobrecogidos por el temor de no poder volver a escribir otra palabra interesante. Los líderes de negocios más importantes se levantan preguntándose si hoy es el día en el que el mundo descubrirá la gran farsa que representan. Los líderes religiosos más importantes luchan diariamente con la fe. Los grandes líderes políticos se preocupan de que cada decisión les cueste la siguiente elección.

Nadie se siente con una confianza o una seguridad absolutas. Obtenemos sólo pequeños destellos de ello. Todos tenemos miedo de cometer *el* error que arruine nuestras vidas. Probablemente no haya tal cosa. Incluso si cometiéramos cada uno de los errores que, según nosotros, nos arruinarían, nuestra vida no se vendría abajo. Sólo cambiaría.

Todos tenemos miedo de estar haciendo mal las cosas, de no agradarle a la gente, de no ser lo suficientemente listos, lo suficientemente buenos, lo suficientemente exitosos, lo suficientemente atractivos. No luches contra ello. Conviértelo en un miedo como de montaña rusa. Disfruta los saltos, las curvas pronunciadas, las subidas y las bajadas, las sacudidas que casi te hacen sacar el almuerzo. La vida te pateará como si fueras el balón del Mundial de futbol. Mantén tu rebote. Disfruta el paseo. El miedo y la emoción se llevan muy bien.

No intentes ocupar el lugar de nadie más. El mundo no necesita que seas la Madre Teresa, Gandhi, Martin Luther King, Michael Jordan, Maya Angelou o Bill Gates. El mundo necesita que seas tú.

Si una relación debe mantenerse en secreto, aléjate de ella.

Durante las décadas de mis veinte y treinta años, pasé por una serie de hombres como las migas de pan pasarían a través de la garganta de un ganso. Aunque con distinto nombre, la verdad es que yo seguía saliendo con el mismo hombre.

Nunca me di cuenta hasta que una relación me llevó a aterrizar en terapia. El hombre joven y guapo que me coqueteó en el trabajo parecía emocionado de salir conmigo. Él fue efusivo durante tres meses. Justo cuando yo estaba por bajar la guardia, me dijo que no podía salir conmigo ese fin de semana porque su prometida estaba por llegar a la ciudad.

¿Su qué?

Sí. Estaba comprometido. Yo había sido, nuevamente, el segundo plato de alguien. Me sentí furiosa. Había hecho mi tarea. El tipo no era homosexual, no estaba casado y no era adicto a nada. Así es que, ¿cómo era que de nuevo me encontraba saliendo con un hombre que no estaba libre?

La historia de mi vida. ¿Por qué seguía repitiendo esa historia? Cuando le dije que no lo quería volver a ver, lloré y recé y le grité al universo:

—¡Por qué sigo atrayendo hombres que no están disponibles?

—Porque tienes miedo de los que sí lo están —contestó el universo.

Guau. Me di cuenta de que tenía miedo de los hombres que podían permanecer. ¿Por qué? Crecí con un hombre en la casa que sermoneaba y se enfurecía. Del otro lado de la moneda, era el papá más generoso y desinteresado con el que uno pudiera encontrarse. El asunto era que jamás sabías qué lado te iba a tocar. En algún momento y lugar de mi niñez hice una nota mental que terminó grabada en mi corazón: *Los hombres lastiman. Nunca vivas con uno.*

Así es que no lo hice. Escogí hombres que no podían quedarse. Hombres que no estaban disponibles. Hombres que estaban casados, comprometidos, que salían con otras personas, que vivían en otro estado o que eran adictos al alcohol o al trabajo. Hombres que jamás se comprometerían por completo. Los hombres amables que sí podían quedarse dejaron de asustarme después de años de terapia.

La terapeuta que curó mis heridas más profundas y oscuras también me dio reglas sólidas para las citas. Estas reglas eran fáciles de recordar y deletreaban la palabra *seguro*. De las cuatro reglas, la primera era la más importante.

Secreto. ¿Puede la relación pasar por el escrutinio público? Si la relación debe mantenerse en secreto, aléjate.

Abusiva. ¿Te hiere o degrada a ti o a tus hijos de alguna manera?

Sentimientos. ¿Estás en la relación para evitar sentimientos dolorosos? ¿Es una relación que modifica tu estado de ánimo?

Vacía. ¿Está vacía de cuidado y compromiso?

Fue un gran punto de arranque. De ahí en adelante, supe cuál era la cualidad número uno para buscar en un hombre: disponibilidad. Tan pronto como me sentía atraída a alguien, me preguntaba si estaba disponible para una relación desde el principio. Si no, no tenía futuro.

Con el tiempo hice mi propia lista de consejos para las citas:
Mantente alejada de hombres que no están disponibles.
Hombres que no están disponibles incluyen homosexuales,
sacerdotes, hombres geográficamente no deseables, hombres
casados, hombres que están comprometidos con alguien más,
hombres que tienen miedo de decirles a otros que están saliendo contigo porque eso ahuyentaría otras citas potenciales.

No tengas secretos. Tengo una querida amiga cuyo esposo
la engañó durante años. No fue una aventura amorosa, era
un estilo de vida. Durante ese tiempo, ellos iban a terapia de
pareja y "trabajaban en la relación". Él fingía participar en las
sesiones, sin mencionar jamás a las otras mujeres, hasta el día
que fue descubierto y el matrimonio terminó. Otra amiga volvía una y otra vez con un hombre que estaba casado, pensando
que él dejaría a su esposa y se casaría con ella. Yo solía decirle:

—Si te casas con un hombre que engaña a su esposa, te casas
con un hombre que engaña a su esposa.

Lo mismo va para los hombres. Si tu novia no quiere decirle a su hermana, madre, o amigos que está saliendo contigo,
sigue otro camino. No seas el guardadito o el segundo plato
de alguien más. Si ella no puede ser honesta y abierta sobre
su relación, mándala a volar. ¿Quieres una aventura o una
relación?

Cuidado con las adicciones. Si alguien está atrapado en
la bebida, las apuestas, la marihuana, el crack, los billetes de
lotería, el sexo, el trabajo, etcétera, entonces esa persona no
está disponible. Ten cuidado con tu propia necesidad interna
de encontrar y reparar un alma rota. Si sigues con el patrón
del salvador, pregúntate por qué. Si crees que puedes salvarlo
o salvarla, reflexiona con más detenimiento. Dentro de cada
uno de los programas de los doce pasos, el primero consiste en
reconocer tu impotencia.

Sé como tú eres. Sé tú al cien por ciento. Un hombre con el que salía me dijo que le gustaba todo de mí, a excepción de mi parte excesivamente espiritual. ¿Hay tal cosa? ¿Qué esperaba que hiciera, que creyera más en él y menos en Dios? La cosa que yo valoro más de mí, él la encontraba difícil de tolerar. Yo no quiero a alguien que me tolere, quiero a alguien que me celebre.

Dile al mundo lo que quieres en un compañero. Tienes que saberlo tú primero. Escríbelo. Saca las cosas superficiales —la altura, el peso, el ingreso—, libéralas y déjalas ir. Después, siéntate en el silencio de tu alma, ve hasta el núcleo y pregúntate qué es lo que realmente quieres. Luego haz una lista, hasta abajo escribe: "Esto o algo mejor". Después guarda el papel en una caja y olvídalo.

Ignora la envoltura. La envoltura de un regalo normalmente no da indicación alguna de lo que está adentro. Algunas veces la envoltura es mejor que el contenido. Algunos de los mejores regalos vienen sin envoltura. No ignores a los hombres bajos y calvos o a los tipos que parecen ositos de peluche. Antes de mandarlos a volar con la maldición de la palabra "tierno", piensa profundamente en lo que realmente quieres. No hagas a un lado al rechonchito con un corazón tierno por el hombre rudo con abdominales impresionantes. El corazón tierno sobrevivirá al vientre de lavadero. Pregúntale a cualquier mujer casada que tenga más de 40.

Crea tu mejor ser. Crea y vive una vida que sea tan buena que no importe si alguien aparece en ella. Dile sí a cada oportunidad para hacer nuevos amigos, conocer gente nueva, intentar nuevas aventuras. Ocúpate en vivir la vida de tus sueños, en lugar de buscar al hombre o a la mujer de tus sueños. Es como la mariposa proverbial: una vez que dejas de perseguirla, gentilmente se posará en tu hombro. En lugar de buscar al compañero adecuado, conviértete en la persona adecuada... por ti. Sé tu mejor ser, el mas profundo, el más auténtico. Hazte atractivo para ti.

Hay alguien para todos. Si estás preocupada por convertirte en alguien más, el Sr. Adecuado quizá no se interese en ti, pues estará buscando a una mujer como la que tú rechazaste.

*Todo puede cambiar en un abrir y cerrar
de ojos. Pero no te preocupes,
Dios nunca parpadea.*

En una de sus novelas, Chaim Potok compara la visión de
Dios con la de los humanos. Nosotros vemos el mundo frag-
mentado porque parpadeamos. Pero Dios, que jamás parpadea,
ve el universo como nosotros no podemos verlo: Completo.

Imagínate lo que podríamos ver en una vida sin parpadear.

Algunas personas creen que unos cuantos privilegiados
ven durante el parpadeo. La Hermana María Gloria Riva,
quien es crítica de arte, alguna vez le dijo a un entrevistador
que los santos y los artistas pueden ver durante el parpadeo.
Si examinas sus creaciones, la belleza de la totalidad brilla a
través de ellas.

Los santos y los artistas ven con la visión de la fe; para para-
frasearla, si tienes fe, puedes ver más allá de las limitaciones de
la visión. Puedes ver la luz del "ahora" donde otros sólo ven la
oscuridad del "todavía no".

Una vez conocí a un hombre que podía ver el *ahora* en el
todavía no. Durante una Navidad, todo en su vida cambió en
un abrir y cerrar de ojos.

El padre Mike Surufka recibió la llamada mientras estaba
de viaje, el 7 de diciembre de 2002. Su casa, la rectoría de
la iglesia, estaba en llamas. Él regresó corriendo para recibir

peores noticias. Su mejor amigo, el pastor de la iglesia, había desaparecido. Nadie podía encontrar al padre Willy.

Después el obispo llamó. Los bomberos habían encontrado un cuerpo entre los escombros. Era el padre Willy. La investigación reveló un nuevo horror, el sacerdote no había muerto en el incendio, le habían disparado. ¿Quién asesinaría al padre William Gulas?

Todo el mundo en la Iglesia de San Estanislao, del viejo barrio eslavo de Cleveland, amaba al padre Willy. Él era el pastor de la hermosa y ornamentada iglesia polaca que los padres franciscanos pastoreaban. El día del incendio, el padre Mike llegó a la iglesia para la misa de las cinco de la tarde, justo cuando la gente oraba, "Cordero de Dios, ten piedad de nosotros". Él contuvo el llanto hasta que elevó la mirada y vio a todos los niños y niñas del altar. Todos asistieron, pues la noticia se había dispersado. Ellos estaban ahí de pie, con sus sotanas y los rostros empapados en lágrimas.

El padre Mike lloró.

Las cosas empeoraron todavía más. La policía acusó a un hermano franciscano del homicidio. El Hermano Daniel Montgomery había vivido con los dos sacerdotes, pero todavía no había tomado los votos finales para ser un franciscano. Su comportamiento era extraño y hacía sentir incómoda a la gente. El padre Willy tuvo que darle la noticia de que no podría ordenarse.

El Hermano Dan le disparó y después incendió la rectoría para cubrir el asesinato.

Esa noche el padre Mike se acostó en la cama, con el pesar de que había perdido todo, sus posesiones, su hogar, a su amigo. Al día siguiente, deambuló entre los escombros, a través de los pasillos ennegrecidos, el hedor del humo, los fragmentos de vidrio, los cables desnudos.

Él no tenía casa, su querido amigo se había ido, todos en la iglesia estaban devastados. Nunca había sentido tanta desesperanza. Cuando abrió la puerta, una mujer se acercó a él. Un ángel, la llama él ahora.

—¿Cómo está? —le preguntó ella.

Él le dijo la verdad.

—No tengo nada.

Ella lo vio y dijo cuatro palabras que cambiaron su vida:

—Nos tiene a nosotros.

Desde entonces, él hizo un nuevo cálculo:

—Lo tengo todo.

Esa noche fue conducido a la esencia de lo que significa ser franciscano: cuando tu único apego es Dios y el amor, tienes todo lo que importa. Él había usado esa larga y sencilla túnica café de San Francisco durante veinte años, pero ése fue el momento en que se convirtió en un franciscano.

En el núcleo de esta orden se encuentra la hermandad. Eso fue lo que hizo la muerte del padre Willy más difícil. Un hermano mató a uno de los suyos.

Cuando el padre Mike caminó por la rectoría quemada, sus sandalias crujieron por encima de los fragmentos de vidrio en la alfombra ennegrecida. Él se detuvo en su antigua oficina frente al tablero de anuncios, sólo se veían las chinchetas derretidas donde las fotos de amigos se enroscaban como garras negras. Caminó por el túnel oscuro, dejó atrás las ventanas selladas y cruzó los marcos de puertas carbonizadas para llegar a la capilla. En una pared ennegrecida por el humo, una cruz había dejado su marca en un blanco brillante; tan brillante que parecía fulgurar en la oscuridad.

Caminó por la cocina donde él y el padre Willy compartían sus alimentos. Se detuvo en la puerta donde encontraron al padre Willy. Se paró en la sala donde habían puesto el árbol de

Navidad. ¿Cómo podrían las personas de la parroquia celebrar la Navidad? ¿Cómo podrían celebrar cualquier cosa?

La gente de San Estanislao sabía que la Navidad sería difícil, así es que buscaron el árbol más ancho y alto para la iglesia. Medía 5 metros. Lo cubrieron de luces, y todos los que pertenecían a esta vieja y fuerte parroquia polaca llevaron un adorno de casa para decorarlo. Fue el árbol más glorioso jamás visto.

Una sonrisa aparece en el rostro del padre Mike cuando habla de esa Navidad, la más oscura y la más luminosa de su vida. Él toma una Biblia negra y raída, casi partida a la mitad, arrugada por abrirse tan a menudo. Le echa una ojeada a Juan 1:5 y sonríe cuando encuentra el pasaje.

—Este es el espíritu de la Navidad —dice, y después lee en voz alta—: *La luz brilla en la oscuridad, una oscuridad que no la superó.*

Cierra el libro. En la cubierta, en la esquina inferior derecha, estampadas en color dorado hay dos palabras: William Gulas.

Era la Biblia del padre Willy.

San Francisco alguna vez dijo que no había oscuridad que resistiera la luz de una vela.

Esa mujer fue la vela.

Una sola flama.

Un parpadeo.

La vida es demasiado corta para la autocompasión. Ocúpate en vivir o en morir.

Mi película favorita de todos los tiempos es *Sueños de fuga*.

Si tuviera que resumir la película en una palabra, sería: *esperanza*.

La película está basada en un cuento de Stephen King. En la película, el actor Tim Robbins interpreta a Andy, un hombre inocente condenado a cadena perpetua por matar a su esposa y a su amante. En prisión, el personaje debe soportar golpes, violaciones de pandillas y una desesperanza devastadora. Después de años de abuso, algo en Andy enloquece; para bien. Él pone sus ojos en una encantadora playa de México, y decide fugarse. No le dice a nadie lo que ha planeado, ni siquiera a su mejor amigo, Red, interpretado por Morgan Freeman.

La escena que más me conmueve es cuando los dos reos están sentados en el patio de la prisión. Andy le dice a Red que hay un lugar dentro de una persona que ningún guardia puede tocar, un lugar que nadie puede encerrar.

Red le advierte que es peligroso tener esperanza en un lugar como la prisión.

Andy se rehúsa a creerle. Él habla sobre ir a un lugar en la playa para poder ver las estrellas, tocar la arena, meterse en el agua y sentirse libre.

A Red lo perturba tanto la visión de libertad de Andy que le advierte que no tenga sueños. Él le dice que recuerde cuál es su lugar, y señala que México no lo es.

Andy parece creerle cuando susurra:

—Tienes razón. Está al sur, y yo estoy aquí dentro.

Él decide que se trata de una elección sencilla: "Ocuparse en vivir o en morir".

La última vez que vemos a Andy, está en su celda agarrando firmemente una cuerda. Lo que nos viene a la mente es que se va a quitar la vida o se fugará.

La vida constantemente nos presenta esas dos elecciones: ocuparse en vivir o en morir. ¿Cuál vas a elegir tú? ¿Qué tan frecuentemente elegimos de manera correcta? ¿Cuándo te sientes simplemente libre?

Alguna vez alguien me dijo que la diferencia entre un hoyo y una tumba es que de un hoyo puedes salir tú solo. Cuando me encuentro en un hoyo sé que debo salir rápidamente antes de que se convierta en una tumba.

Déjame que te cuente sobre un hombre que tenía todas las razones para quedarse estancado. En 1976, Steve Barille era un importante jugador de beisbol en la preparatoria. Un día, un día común y corriente como cualquier otro, Steve se subió al trampolín en el gimnasio de la preparatoria Mayfield. Tenía 17 cuando dio su último paso.

Al saltar del trampolín intentó hacer una voltereta hacia atrás. En los breves minutos entre su aterrizaje y la llegada de la ambulancia, él le preguntó a su maestro de gimnasia:

—¿Puedes vivir si te rompiste el cuello?

Quedó paralizado de la nuca para abajo, es decir, cuadripléjico. El neurocirujano le dijo a la madre de Steve que no le desearía esa situación ni a su peor enemigo. El chico estuvo conectado a un respirador artificial por meses, y permaneció en el hospital durante un año. Pero antes de que lo dieran de alta, empezó a estudiar psicología y consiguió graduarse de la Universidad John Carroll.

Veinte años después, Steve utilizó un palo en su boca para teclear la computadora y defender su tesis. El título hizo que mis ojos se humedecieran: *El efecto del examinador en un administrador discapacitado al utilizar la técnica de las manchas de tinta de Holtzman para evaluar la personalidad.*

Steve la escribió sin ser capaz de voltear una página, tomar una nota o tallarse los ojos cuando estaba cansado. Él es ahora el Dr. Barille, con un doctorado en psicología por la Universidad Estatal de Kent. Steve llama a su éxito una victoria en equipo. Él les da crédito a su familia y a sus amigos.

—Se trata de lo que es posible cuando tienes una voluntad colectiva. Yo estaba rodeado de esperanza —dijo—. Cuando creía que era demasiado difícil, otros me daban aliento para seguir adelante.

Este hombre con barba avanza por el *lobby* del hospital en una silla que detecta, mediante la inclinación de la cabeza, a qué lado dirigirse y qué tan rápido ir. Sus manos yacen completamente inertes en pequeñas bandejas frente a él. Steve no puede levantar un dedo para apretar el botón del elevador, y lo que hace es esperar a que alguien venga.

Él observa a sus pacientes en su lucha por caminar nuevamente tras la terapia física. Algunos necesitan ayuda para superar el miedo de caer. Otros necesitan salir de la depresión por el hecho de no poder volver a usar un brazo. Su modo amable y voz suave les dan consuelo a aquellos que han sufrido embolias, aneurismas, amputaciones y heridas de columna.

Sus pacientes aprenden a moverse con la ayuda de bastones, abrazaderas y andaderas. Aprenden a levantar un tenedor, lanzar una pelota, girar el volante; cosas que jamás podrá volver a hacer Steve. Sin embargo, él no puede dejar de sonreír, pues para él es un privilegio ayudar a la gente a adaptarse emocionalmente a su nueva vida. Steve se regocija con cada paso que dan, aunque él no pueda hacerlo.

—Realmente amo lo que hago. La gente sueña con poder hacer lo que ama —me dijo—. No se necesita mucha psicología para ayudar. Lo más importante es infundir esperanza.

Desde su silla de ruedas, él los ayuda a superar sus miedos. El miedo a caer, a fallar, el miedo a quedar estancado en la desesperanza. Ellos le echan una mirada a este hombre que, en una silla de ruedas, es completamente libre, y entonces se dan cuenta de que es tiempo de ocuparse en vivir.

Puedes sobrevivir a todo lo que la vida ponga a tu paso, si te mantienes en el presente.

Hubo un tiempo en mi vida —años, en realidad—, en que la gente me paraba en la calle y me preguntaba si estaba bien.

Yo solía caminar con la cabeza hacia abajo, con el abrigo abierto en un frío día de nieve y viento, sin guantes, sin gorro, sin bufanda. Parecía ser huérfana de la vida, como si no tuviera un solo amigo en el mundo, como si hubiera perdido a mi mejor amigo. La gente me paraba para preguntarme:

—¿Tienes un mal día?

Yo movía la cabeza y respondía:

—No, tengo una mala vida —y lo decía en serio.

Nadie tiene una mala vida, en realidad. Ni siquiera un mal día, sólo malos momentos.

Años de terapia y reuniones de rehabilitación me curaron. Más tarde, años de retiros espirituales me transformaron, cerrando el agujero en mí, para que el amor que fluía desde la familia y los amigos ya no se fugara. Después, llegó el hombre de mis sueños. Más amor del que mi corazón podía contener empezó a desbordarse y derramarse hacia los demás.

Me deleitaba en una casi constante conciencia de que la vida es buena. Me tomó décadas de trabajo arduo, pero estaba en un nuevo lugar. Amaba la vida y la vida me amaba a mí.

Visualicé el futuro de mis sueños: enseñar, irme de retiro, escribir libros, tener una columna sindicada. Devolver todos los regalos que la vida me ha dado.

Pero después vino el cáncer.

No es necesario decir que la enfermedad no estaba en mi visualización. El cáncer de mama me sumergió en un interminable sufrimiento que excedió casi cualquier cosa de mi pasado. Cada día tenía una elección: regodearme en la miseria de los tratamientos o buscar la alegría por el simple hecho de estar viva.

No fue fácil.

Era como un libro viviente de *¿Dónde está Waldo?* En vez de buscar al tipo extraño con el sombrero de rayas, yo trataba de descifrar dónde encontrar algo bueno en un día en que la comida sabía a metal, los alimentos no se quedaban en el estómago, las personas veían mi cabeza sin pelo y la mujer en el espejo no reconocía su propio reflejo.

El tratamiento no era tan malo como mi actitud hacia él. Yo sufría porque no estaba viviendo en el momento presente. Moraba en el pasado, contando todos los días en que me había sentido enferma. Después pasé tiempo temiendo el futuro, la siguiente cita de quimioterapia, los efectos secundarios que traería, los alimentos que vomitaría, la fatiga a la que la radiación le daría entrada.

La única manera de atravesar todo ello era dejar de regodearme en lo que había traído el ayer (bueno o malo) y en lo que el mañana pudiera traer (bueno o malo). El único día digno de vivir era en el que estaba. Esas veinticuatro horas eran vivibles siempre y cuando no arrastrara el pasado o el futuro hacia ellas. Un día de cáncer era soportable si eso era todo por lo que tenía que pasar.

Fue necesaria una disciplina constante para ignorar el calendario. Necesité vigilancia para colocarme anteojeras y bloquear cada día excepto el actual. Hice de cada día una segunda oportunidad. Cada mañana empezaba de cero: olvidar todo lo del ayer, y ni loca pensar en el mañana. Intenté vivir sólo en el presente.

Tomé el consejo de una mujer vieja que conocí en un retiro. Cada mañana, con lluvia o con sol, con nieve o con viento, ella abre la ventana de su cuarto, respira profundamente y saluda al día con estas palabras: "Este es el día que Dios ha hecho. Me regocijaré en él y estaré contenta".

Éste.

Éste es el día. No ayer, no mañana. Éste día.

No abrí la ventana, pero empecé cada mañana con esas palabras y todavía lo hago. Algunos días añado, "Gracias, Dios, por otro día de vida. Dame la gracia de vivir este día profunda, plena y alegremente".

Una vez que pude bloquear todo excepto el momento presente, la alegría se filtró en mi vida. No horas y horas de júbilo, sino momentos tiernos y dulces que ya no me perdía por estar pensando en el mañana o entregándome al ayer.

Incluso cuando los tratamientos son ya parte del pasado, hay días en los que el miedo se aferra a la garganta y casi me roba el día, susurrando: "¿Qué pasa si el cáncer regresa? ¿Y si ya no puedes escribir? ¿Qué pasaría si perdieras todo lo que amas?"

Hay días en los que veinticuatro horas son muchas para conservar la calma, así es que tomo el día hora por hora, momento a momento. Divido la tarea, el desafío, el miedo en pequeñas piezas del tamaño de un bocado. Puedo manejar una *pieza* de miedo, depresión, enojo, dolor, tristeza, soledad, enfermedad. Literalmente pongo las manos en mi rostro, una paralela a la otra, como anteojeras en un caballo. Es mi manera de recordar que tengo que concentrarme en el ahora. Las anteojeras hacen que los caballos se mantengan concentrados en lo que está frente a ellos. Con anteojeras no pueden ver los lados ni asustarse o distraerse, no pueden ver lo que va a suceder, así es que ponen un casco frente al otro, y siguen avanzando. Yo me pongo mis anteojeras y me digo a mí misma, "no veas hacia el mañana, no veas hacia el ayer, luego da un paso y otro y otro".

Andre Dubus escribió lo siguiente en su cuento "Historia de un padre":

"No es difícil vivir a través de un día, si puedes vivir a través de un momento. Lo que crea desesperanza es la imaginación, que pretende que hay un futuro e insiste en predecir millones de momentos, miles de días, y así te drena para que no puedas vivir el momento que tienes frente a ti."

Yo ya no deambulo por el hoy con miedo del mañana ni morando en la culpa o los resentimientos del pasado. Dios no está presente en el pasado ni en el futuro. El gran Yo Soy se encuentra en el momento presente. Cuando yo reclamo esa presencia, puedo pasar por cualquier cosa ahora.

Eso es todo lo que se requiere de nosotros: vivir el presente.

Un escritor es alguien que escribe. Si quieres ser un escritor, escribe.

La fila que hacíamos serpenteaba alrededor de la manzana, y temblábamos de frío en el viento.

Escritores y aspirantes a escritores formaban una inmensa cola afuera de la capilla en la Universidad Case Western Reserve. Parecía como una convención de clones. Casi todas las personas que asistieron a "Una conversación con Anne Lamott" eran mujeres de mediana edad y llevaban la misma mirada hambrienta en los ojos.

Todas fuimos a conocer a la mujer cuyos libros permanecían en nuestro buró. Ella apareció con trencitas atadas con una mascada en su cabeza, anteojos, *jeans* desteñidos y una camisa blanca de mangas largas que parecía tan elegante como una camiseta interior larga, pero en ella funcionaba. Lamott trataba de cooperar con gracia dando tres pequeños pasos: desacelerarse, respirar, salir a caminar. La suya es una santidad llena de agujeros.

Una vez escribió: "Cuando Dios va a hacer algo maravilloso, Él o Ella siempre empiezan con una penuria; cuando Dios va a hacer algo sorprendente, Él o Ella empiezan con un imposible".

Primero la descubrí al leer *Pájaro a pájaro: algunas instrucciones para escribir y para la vida.* La mayoría de los escritores lo ha leído. Se ha convertido en un clásico. El título surgió cuando su hermano, que tenía diez años en ese entonces, luchaba por escribir un informe sobre pájaros. Le habían dado de plazo tres meses, pero había esperado hasta el último minuto para empezar. Él se sentó a la mesa, casi en lágrimas, rodeado de libros sobre pájaros que no había abierto. Su papá lo consoló con las siguientes palabras: —Pájaro a pájaro, amiguito. Sólo tómalo pájaro a pájaro.

La escritura es así de sencilla. Como lo son, al parecer, los abrumadores proyectos y planes que llevamos a cabo, es sencillo si los tomamos pieza por pieza, pájaro a pájaro.

Termina un cuento. Un poema. Haz el compromiso de terminar las cosas. Y si no sabes por dónde dar inicio, empieza por tu niñez.

Anne nos dijo que escribiéramos lo que quiere ser escrito. Pregúntate: ¿Qué tan vivo estás dispuesto a estar? Acalla las voces en tu cabeza, sean de padres, maestros o la cultura a tu alrededor. Después, siéntate y escribe un primer borrador, aunque sea malo.

Ella habló sobre escuchar el codazo del Espíritu Santo, esa voz interna, esa premonición intuitiva.

—La gente más común escucha ese llamado creativo —dijo ella—. Sólo cuenta tus historias y cuéntalas en tu propia voz. Eso es todo lo que la gente busca.

¿Puede ser tan fácil? ¿Dónde encuentras historias que contar?

—Están en ti, como joyas en tu corazón —dijo.

Nos fuimos sin tener idea de cómo conseguir una publicación. Pero todos sabíamos por dónde empezar: palabra por palabra. Línea a línea. Pájaro a pájaro.

Es un punto de inicio que la mayoría de la gente evita. La gente siempre me pregunta cómo ser un escritor. Yo no lo sé, pero aquí está cómo no ser uno.

Ver horas de televisión sin sentido. Revisar tu correo. Enviarles mensajes a tus amigos. Visitar una sala de chateo de escritores. Contestar el teléfono cada vez que suena.

Angustiarte por emplear correctamente *quien* o *quién, consiste en* o *consiste de, en base a* o *con base en.*

Agonizar porque no sabes si usar dos puntos o punto y coma.

Pasar horas decidiendo si usar letra manuscrita o de molde, hojas o computadora, pluma o lápiz, tinta azul o tinta negra, Macintosh o PC.

Recordar cada una de las malas calificaciones que sacaste en español. Recrear las escenas en tu cabeza de cada maestro que criticó tu trabajo. Sostener debates con los editores invisibles que llaman a reunión en tu cabeza. Llorar sobre las cartas de rechazo que todavía no recibes, pero estás seguro recibirás.

¿Cómo no escribir?

Al dejar que la tecnología te asuste. Posponer la escritura hasta que aprendas a numerar electrónicamente todas las páginas.

Obtener tu doctorado en escritura creativa primero. Empezar terapia. Encontrar el grupo de escritores adecuado.

Esperar hasta que superes el miedo al rechazo o el miedo al éxito. Decirte que las probabilidades de que te publiquen están contra ti. Preocuparte por cómo vas a pagar las cuentas. Compararte con todos los demás.

Quejarte de que está muy caliente, muy frío, muy bochornoso o muy lindo afuera como para escribir.

Intentar arduamente aportar algo significativo al mundo de la gran literatura. Analizar cada idea antes de escribir tu primera oración. Luchar por la perfección. Declararte el siguiente Shakespeare.

Intentar escribir como todos excepto tú mismo. Utilizar sólo palabras rebuscadas para impresionar a la gente.

¿Cómo no escribir? Inscribirte en otra conferencia de escritores, en lugar de ponerte a escribir.

Decirte constantemente que no tienes nada que decir. Consultar tu horóscopo. Hacer una lista de toda la gente que no piensa que tendrás éxito como escritor.

Limarte las uñas, regar las plantas, limpiar el sótano.

Abrir una oficina. Construir una ermita en el patio o un ala completa en la casa para poder escribir.

Buscar afirmación de todos los que están a tu alrededor. Ignorar tus propias tristezas, pasiones y música. Llorar porque nadie te entiende.

Pedir un anticipo primero.

Hablar con los que hacen ventas por teléfono. Jugar solitario en tu computadora. Hacer una lista de cosas pendientes, con la escritura como primera prioridad, por supuesto.

Quejarte de la maestra de gramática que te dejó marcado. El profesor que te ignoró. El hermano que robó tus diarios. La hermana que los leyó.

Desperdiciar el tiempo envidiando a otros escritores a los que les es tan sencillo.

Editar conforme escribes. Revisar las reglas de gramática y puntuación antes de terminar cada párrafo.

Hablar tanto sobre tus ideas que incluso tú pierdes interés.

¿Cómo no escribir? Esperar hasta tener hijos. Esperar hasta que a tus hijos les salgan los dientes, terminen la temporada de futbol y se vayan a la universidad. Esperar hasta tener dos horas de tiempo ininterrumpido para escribir.

Esperar hasta dejar de fumar, dejar de beber o encontrar la bebida adecuada y estar completamente borracho.

Esperar a que tus hermanos se muden y tus padres mueran. Esperar a encontrar al amor de tu vida. Esperar hasta que el divorcio sea definitivo.

Esperar hasta irte de vacaciones. Esperar a que las vacaciones se acaben. Esperar hasta retirarte.

Esperar hasta encontrar tu musa. Esperar hasta sentirte inspirado.

Esperar hasta que el doctor te diga que tienes seis meses de vida.

Después morir, con todas las palabras acumuladas en tu interior.

*Nunca es demasiado tarde para tener
una infancia feliz. Pero la segunda
depende de ti y de nadie más.*

Durante los primeros treinta años de mi vida odié mi cumpleaños.

Siempre me recordaba el gran error que yo era, o sentía que era. Sin importar cuáles fueran los regalos, había un lugar dentro de mí que se seguía sintiendo olvidado y solo.

Cuando le preguntaron al comediante George Carlin qué edad tenía, él contestó:

—Tengo uno, tengo dos, tengo tres, tengo cuatro, tengo cinco...

y se siguió así hasta su edad presente.

Es verdad. En algún lugar de nosotros todos tenemos cada una de las edades por las que hemos pasado. Somos el niño de tres años al que lo mordió un perro. Somos el de seis años que perdió de vista a mamá en la tienda. Somos el de diez que se reía hasta hacerse pipí en los pantalones. Somos el niño tímido de trece con espinillas en el rostro. Somos la de dieciséis a la que nadie invitó al baile de graduación. Caminamos en nuestros cuerpos de adultos, hasta que alguien presiona el botón correcto e invoca a alguno de esos niños.

Algunas personas tuvieron infancias tristes. Otras tuvieron momentos poco afortunados. ¿Pero cómo curar la infancia?

Pues creando para ti una nueva y feliz, y así alimentar al niño o niños que todavía cargas dentro de ti.

Una vez salí de compras y conseguí un par de zapatos de bebé. Mi mamá tuvo once hijos. Nosotros no tuvimos un álbum de bebé. Ella no bañó de bronce nuestro primer par de zapatos. Ella no guardó nada de nuestra infancia porque cada artículo pasó a ser del siguiente niño.

Los primeros cuatro hijos fueron los que llenaron el álbum de fotos. Están en fotografías profesionales, con una sonrisa bajo la suave y perfecta luz. Yo fui la número cinco. No hay fotos de bebé. O quizá sí las hay, podrían ser mías esas tomas al azar de una niña en un corral, en una cuna, en una carriola. ¿O es Mary? ¿O Tom? Nadie puede decir con certeza. Solía ponerme triste el hecho de que mi mamá no hubiese guardado recuerdos de esos primeros momentos míos. Probablemente, por esa razón yo guardé todo lo de mi hija. Su primer par de tenis. Su primer par de *jeans*. Su primer sostén.

Pero un día decidí dejar de sentir lástima por mí misma, y empecé a crear mis propios recuerdos. Compré un par de pantuflitas sedosas y con botones aperlados del tamaño de un recién nacido. Esos eran los zapatos delicados que hubiera querido que mi mamá comprara y guardara para mí. Incluso escogí una bella sonaja y afirmé que era mía.

Tan tonto o extraño como esto suene, me ayudó a cerrar un poco la herida y a formar un poco de cicatriz en el lugar donde seguía abriéndose, un lugar por el que yo seguía cayendo.

Mis padres me dieron la mejor infancia que pudieron. Una mejor que la que ambos habían tenido, combinada. Ahora que soy adulta, ya no depende de ellos mejorar mi niñez, ese trabajo es solamente mío.

Depende de mí buscar en los rincones de mi infancia y encontrar la alegría. Ver hacia el futuro y construir la felicidad.

Depende de mí hacer magia. Y eso también va para ti. Haz una cita de juegos contigo mismo. Programa una hora de diversión pura semanalmente. Lleva a tu niño interno de salida cada semana. Yo sugerí esto en un retiro de mujeres y obtuve docenas de ideas para transmitir:

Ve a una juguetería y gasta 10 dólares en diversión.

Ve al planetario más cercano y pide algún deseo cuando veas las estrellas.

Haz un volcán con polvo de hornear y vinagre.

Come una paleta helada cubierta de chocolate o un helado en cono de desayuno.

Juega 18 hoyos en un golfito.

Haz sándwiches con galletas y helado.

Cómete primero el postre.

Pinta con los dedos una sábana vieja.

Ve caricaturas en tu piyama.

Renta una película *Los tres chiflados*.

Haz pan de canela de desayuno.

Come papitas antes de irte a la cama.

Juega ping-pong.

Haz un ramillete de margaritas.

Lee las historietas del periódico en voz alta, con voces dramáticas para cada personaje.

Lee con una linterna debajo de las cobijas.

Ve a la tienda de mascotas y abraza a los gatitos.

Visita la sección de niños de una librería.

Juega en los columpios.

Corre por un maizal.

Finge ser invisible todo el día.

Juega sin tomar nota de la puntuación.

Juega a la búsqueda del tesoro.

Compra un paquete de 64 crayolas y no las compartas con nadie.

Realiza saltos acrobáticos en el jardín.

Pelea con el pasto recién cortado.

Camina en la lluvia sin paraguas.

Anda en bici y métete a los charcos.

Juega Turista, Manotazo o Serpientes y Escaleras.

Ve en busca de nidos de pájaros.

Lee los cuentos de Winnie Pooh, y después sal a buscar comadrejas.

Juega bádminton en el jardín.

Prepara bolas de vainilla flotantes.

Haz un picnic en el suelo, durante el invierno.

Prepara un banana split.

Vístete elegantemente y juega croquet en el jardín.

Ve *Mary Poppins.*

Vete de pinta.

No hagas nada en todo el día.

Observa cómo se mueven las nubes, las hormigas, las ardillas y las hojas.

Crea un peinado exótico con el pelo mojado y lleno de champú.

Memoriza *Oso intruso* del libro *Hay una luz en el desván* de Shel Silverstein.

Haz malvaviscos asados en la estufa de la cocina.

Juega el juego de las placas.

Crea una fortaleza con sábanas y mesas.

Colorea entre tus dedos con crayolas.

Haz collares de conchitas de mar o castañas.

Haz música tocando vasos llenos de agua.

Visita la estación de bomberos para ver los camiones.

Acampa en el jardín o en el porche o en la sala.

Haz un concurso de ruedas de carro con los vecinos.

Dibuja con gis en la banqueta.

Salta por las piedras en un río, busca bichos debajo de las rocas, mete los pies en un arroyo.

Corre a través de los aspersores en el verano, traza ángeles de nieve en el invierno.

Encuentra una llanta colgada como columpio y acapárala durante una hora.

Haz una guerra de almohadas.

Ve a un albergue de animales y pasea un perro.

Sigue las huellas de los animales hasta donde te lleven.

Organízate un desfile de modas con toda tu ropa.

Atrapa luciérnagas.

Visita los changos en el zoológico.

Ve a la tiendita y gasta tres dólares en dulces.

Camina con un espejo para que parezca que caminas por el techo.

Trepa un árbol y lee una historieta.

Practica ser porrista en el jardín.

Vuela un papalote.

Toma diez monedas e insértalas en cada una de las máquinas de chicles en el supermercado.

Salta en la cama hasta que quedes exhausto y después te duermas.

Sea lo que sea que hagas, depende de ti.

Nunca es demasiado tarde para tener una infancia feliz. Lánzate por ella, pues ésta depende de ti.

Cuando se trata de perseguir lo que amas en la vida, no aceptes el "no".

Desde que leí *Harriet, la espía* en quinto, quise ser escritora. Llenaba diarios y diarios, pero tenía demasiado miedo de que alguien viera lo que estaba en ellos. Espiaba a mis hermanos y hermanas, hurgaba entre sus cajones y tomaba notas sobre lo que encontraba, incluyendo fotos de los amigos de mi hermano mostrando su trasero frente a la cámara. Pero cuando me hice mayor y tuve la oportunidad de trabajar realmente en el periódico de la preparatoria y escribir en serio, me dio demasiado miedo hacerlo.

En la universidad, cambié mi especialidad de biología a botánica y ecología; planeaba ser guardabosques. Después me embarcé y dejé la escuela. Cuando regresé, seis años después, era momento de perseguir el sueño.

En la Universidad Estatal de Kent, tomé una clase de creación literaria. El primer día, el profesor nos hizo escribir en una tarjeta blanca la razón por la cual estábamos tomando la clase. Yo supuse que la tarjeta era sólo para sus ojos, así es que pronuncié efusivamente lo mucho que me gustaba escribir. Mis palabras parecían sacadas de mi diario. Él recogió las tarjetas, las barajó, sacó una y nos envió a todos al pizarrón. Nos dijo que escribiéramos las oraciones que él leyera. Las cuatro paredes tenían pizarrones. Los compañeros escribieron mis oraciones mediocres en todos ellos. Me puse roja como un camión de bomberos.

Toda la clase analizó mi párrafo incoherente, lo hizo trizas, analizó la gramática, la estructura, el tono y el contenido. Yo recé por el poder de evaporarme. Jamás podría recuperarme en esa clase. Me sentí como un fracaso desde el primer día.

El siguiente semestre cambié de literatura a relaciones públicas, y tomé mi primera clase de periodismo. La primera semana entregué una tarea tarde. El profesor me avergonzó frente a la clase.

—Brett, más valdría que te dieras de baja ahora, porque jamás la vas a hacer.

Le probé lo contrario. Él quería que entregáramos textos de 20 centímetros de grosor a la semana, como 250 palabras. Yo entregué el doble. De ninguna manera iba a reprobar esa clase. Obtuve un diez, pero aún mejor, pude hacer un poco de presión. Dos profesores me pararon en el pasillo y me dijeron que me especializara en periodismo. Ellos me consiguieron una beca de 800 dólares para cubrir los gastos de libros y útiles. El periodismo me iba a la medida.

Cuando fue momento de graduarme necesitaba desesperadamente un empleo en el área. Trabajaba medio tiempo como terapeuta de un grupo de alcohólicos, y ganaba 7 mil dólares al año. Envié mi currículum a diversos periódicos por todo el país. Obtuve treinta cartas de rechazo. Desesperada, reuní un paquete con el mejor trabajo que había escrito para el periódico universitario. Me acerqué a mi profesor de leyes de medios masivos de comunicación para pedirle trabajo, él laboraba en el *Beacon Journal*, el mejor periódico en el área. El *Beacon* era un periódico de la cadena Knight-Ridder, una de las mejores en el negocio.

El profesor apenas y vio mi trabajo. Él movió la cabeza y dijo que no estaba lista para un periódico tan bueno, que pasarían años hasta que lo estuviera, si llegaba a estarlo. Sentí como si una puerta se cerrara en mi rostro. Temblé y contuve las lágrimas hasta llegar a mi auto, y después lloré todo el camino a casa.

Pero no aceptaría un "no" por respuesta. Tenía una hija a la cual alimentar, y quería darle más que sándwiches de crema de cacahuate con mermelada y macarrones con queso. Quería una carrera, no sólo un trabajo. Terminé aceptando un empleo en el único periódico que me ofrecía uno. El periódico *Lorain* me contrató para cubrir el ayuntamiento. No era la sección que quería ni la ciudad ni el sueldo, pero era un trabajo en el campo de mis sueños. Le dije que sí a cada uno de los encargos, incluso los que odiaba. Me hice tiempo para escribir historias extra y enviar mis mejores artículos a mi amigo Bill, que trabajaba en el *Beacon Journal* para que me ayudara a corregirlas.

Seis meses más tarde, un editor del *Beacon Journal* me llamó y me ofreció un empleo. Bill había mostrado mis escritos. Tomé el trabajo, aunque era para escribir en la sección de negocios sobre seguros médicos y agricultura, de lo cual no sabía nada; lo hice por un tiempo, luego cubrí servicios sociales y noticias de última hora y escribí artículos para revistas. Después de unos cuantos años, decidí que quería escribir una columna. Yo quería contar mi propia verdad, no sólo ser un testigo objetivo que informa las noticias.

El editor del periódico me dijo que no, que no necesitaba ni quería otro columnista. Lloré a más no poder en el baño, después me fui a casa e hice una lista de las cosas que harían distinta mi columna. Anoté unas cuantas ideas y me reuní nuevamente con el editor. Me dijo que no, pero lo expresó con una palmadita de cachorro en la cabeza, y me dijo que era demasiado buena como periodista como para perderme por una columna.

Me negué a que la negativa profundizara. En su lugar, la utilicé como combustible. Escribí una larga lista de ideas para la columna. Mecanografié seis ejemplos de columnas, incluyendo la introductoria. Fue un paso audaz, pero tenía que hacerlo. Estaba preparada cuando se la presenté. Él siguió diciendo que no. Lloré todo el regreso a casa. Mi esposo (novio en aquel entonces), Bruce, me tomó de la mano, limpió mis lágrimas y dijo:

—Bueno, ¿pues cuál es el siguiente paso para obtener lo que quieres?

¿El siguiente paso? Bruce no aceptaba el no por respuesta. Él es un optimista crónico. Hay una vieja historia sobre un par de gemelos. Uno nació optimista; el otro, pesimista. Un psiquiatra, tratando de entenderlos, puso al pesimista en un cuarto lleno de juguetes para ver qué pasaba. El niño se quejó y lloró. El doctor puso al optimista en un cuarto lleno de excremento de caballo y le dio al niño una pala. Horas más tarde, el optimista estaba todavía sonriendo y paleando el excremento tan rápido como podía. ¿Por qué estaba tan feliz? El niño dijo, "¡Con todo este excremento, debe de haber un poni por aquí!"

Ese es Bruce. Sin importar lo mal que parezca la situación, empieza a buscar al poni. Él no dejaría que yo le entregara mis sueños a la negativa de alguien más. No hay tal cosa como un no, dijo. Encuentra una manera de convertirlo en un sí.

Lo decidí en ese lugar y en ese momento: soy una columnista. Soy una columnista que simplemente todavía no tiene una columna. Así es que empecé a palear, buscando columnas. Escribí historias en primera persona cada vez que tenía oportunidad de hacerlo. El "Día de los gemelos", una tarea que la mayoría de los periodistas teme, escribí sobre lo que era estar en el evento sin un doble. El "Día nacional del vegetarianismo" escribí una columna sobre lo que era celebrar el Día de Acción de Gracias con un pan de nueces en lugar de pavo.

Con el tiempo, fui desgastando al editor. El dijo que sí. He estado escribiendo columnas desde 1994, cuando finalmente abrió la puerta.

Todos los días me pellizco.

Tengo el trabajo de los sueños. Todo porque me negué a aceptar un "no" como respuesta y seguí paleando.

Enciende las velas, usa sábanas lindas, ponte la ropa interior elegante. No dejes nada para una ocasión especial. Hoy es un día suficientemente especial.

Yo ya no quito el polvo de mis velas. Solía ser culpable de ello. Distintos amigos me regalaron encantadoras velas aromatizadas: manzana y canela, vainilla francesa, especias del campo, o velas de aromaterapia para la paz, el amor y la armonía, con hojas y pétalos de rosa incrustados en ellas. Todas las velas permanecieron sin encenderse.

No quería usarlas, así es que las sacudía. Mes tras mes, año tras año. Alguna vez alguien me compró una vela metida en un globo de vidrio rodeada de aliento de bebé. La tuve por años, hasta que un día cuando iba a sacudirla, descubrí que la cera se había derretido por el calor.

Sabía que no debía ignorar mis velas. Crecí leyendo a la columnista favorita de mi madre, Erma Bombeck. Erma fue mi primer contacto con las columnas periodísticas. Ella era ama de casa y la única escritora que había hecho reír a mi madre a carcajadas. Mi mamá tenía cada uno de sus libros. Cuando a Erma le dio cáncer de mama, su escritura se volvió incluso más conmovedora. Dos años más tarde, sus riñones fallaron debido a un desorden genético. Ella murió después del trasplante.

En una de sus mejores columnas, Erma reflexiona sobre lo que haría distinto en la vida, de tener otra oportunidad. Cada vez que terminaba de leerla, prometía honrarla.

Tomé la determinación de dejar de revisar mi correo electrónico cuando hablaba con mamá por teléfono, dejar de hacer miles de cosas al mismo tiempo y tratar de estar más presente, colgar mi teléfono celular y disfrutar la vista a través del parabrisas.

Prometí pasar más tiempo en el exterior y no tener miedo de que mi pelo se enchinara con la lluvia o mi fleco perdiera forma por la humedad.

Planeé encender más la chimenea y no preocuparme de lo fría que se sentiría más tarde la casa o lo ahumada que quedaría la sala.

Decidí ser más espontánea con mis amigos y reunirme con ellos para las cenas de último momento, hablar menos de mi mundo y escuchar más sobre lo que pasaba en el suyo.

Pero siempre fracasé en mantener esas promesas. Hasta que me dio cáncer.

Cuando tenía 41, descubrí una bolita del tamaño de una uva en mi pecho derecho. Era cáncer en etapa II, rápidamente creciente. Acabé calva, enferma, exhausta después de dos cirugías, cuatro rondas de quimioterapia y seis semanas de tratamientos diarios de radiación. Ah, pero sobreviví, y recibí una vida completamente nueva.

El cáncer es una gran llamada para el despertar. Una llamada para quitarle la etiqueta a la nueva lencería y usar esa ropa interior de encaje negro. Para abrir la caja de perlas y ponértelas. Para utilizar la chimenea. Para abrir las perlas de aceite para la tina antes de que se sequen en un recipiente encima del escusado. Para encender las velas.

En mi cartera traigo una foto de cuando no tenía pelo, la que me sirve como recordatorio de que cada día es bueno.

Tengo también otro recordatorio diario: la ausencia de pechos. Mis cicatrices me recuerdan que todos tenemos una fecha de caducidad, una vida de estante. No está impresa en nosotros como lo está en el cartón de la leche o en un envase de queso *cottage*, pero todos somos terminales. Nadie vive para siempre.

El cáncer me enseñó a dejar de guardar las cosas para una ocasión especial, porque hoy es especial. Úsalo todo, gástalo todo ahora. No me refiero al dinero, sino a lo que la escritora Annie Dillard aconseja.

Su sabiduría en *Vivir, escribir* se aplica no sólo a la escritura, sino también a la vida.

Ella les aconseja a los escritores utilizar todo su material ahora. No guardes una anécdota, párrafo, cita, inicio o final para alguna mejor novela o poema o cuento que pienses escribir en algún momento en el futuro. El hecho de que quieras usarlos significa que debes hacerlo.

Se necesita un acto de fe. Debes confiar en que una vez que utilices el material bueno, habrá material adicional. El pozo volverá a llenarse.

Yo tengo pilas y pilas de diarios en mis repisas esperando el momento adecuado, el proyecto adecuado, el libro adecuado. ¿Cuánto esperaré? ¿Cuánto esperarás tú?

Frank McCourt tenía 66 años cuando *Las cenizas de Angela* fue publicado. Laura Ingalls Wilder publicó su primer libro a los 65. La artista folclórica Grandma Moses empezó su carrera como pintora en sus 70.

Me conmovió leer que Miguel Ángel garabateó esta nota, como advertencia e invitación para su joven aprendiz Antonio: "Dibuja, Antonio, dibuja, Antonio, dibuja y no pierdas el tiempo".

Después de leerla, pensé en colocar una nota en mi espejo que dijera: *Vive, Regina, vive, Regina, vive y no pierdas el tiempo.*

No necesitas tener cáncer para empezar a vivir la vida al máximo. La vida es demasiado corta para gastarla haciendo cualquier cosa aburrida o carente de alegría. ¿Mi filosofía después del cáncer? No hay que desperdiciar el tiempo. Hay que deshacerse de la ropa fea. No hay que ver películas aburridas. Cancela todo eso y en su lugar coloca alegría y belleza.

El cáncer me enseñó dos palabras importantes y cuándo usarlas. Ahora puedo decir la palabra *no*. Cuando mis amigos me preguntan si deseo ir a algún evento y no quiero hacerlo, digo:

—No, y gracias por preguntar.

Ya no digo que sí a lo que no quiero hacer. Me pregunto si esa ocasión vale la pena como para otorgarle horas de mi vida.

Yo solía decir que sí cuando quería decir que no, generalmente por miedo al rechazo. Decir que no significa que puedo decir que sí. Sí a una vida auténtica que verdaderamente disfruto vivir. Sí a estar con la gente a la que más amo, para que jamás me arrepienta de haber perdido el contacto. Sí a encender las velas, usar las perlas, sacar la vajilla elegante, caminar en la lluvia o hacer ángeles en la nieve, aunque enlode la casa.

Estos tres pasos sencillos pueden cambiar tu vida:

1. Elige una cosa a la que necesites decirle que no.

Puede ser una relación enferma... con un hombre, con una tarjeta de crédito, con una tienda de donas. Tú sabes lo que es. Elige una cosa. ¿Qué pasaría si empezaras a decir que no? No a los proyectos que no necesitas hacer tú. No a cada persona en la iglesia o la escuela o el trabajo que te pide que dones tu tiempo o tu talento a un comité o a un compromiso más. Ve tu calendario. ¿Hay algo ahí este mes que realmente quieras hacer? Toma unos papelitos y anota lugares para ti, para la alegría, la pasión y el amor.

2. Elige una cosa a la que necesites y quieras decirle que sí.

Puede ser amarte a ti mismo como eres, con tu cintura y todo. Perdonar a alguien a quien extrañas, regresar a la escuela, retirarte temprano, tratar de volver a salir con alguien. En el fondo, tú sabes qué es. Puedes transformar tu negación en afirmación. Sí a los días más tranquilos, salidas los fines de semana, lectura de grandes libros, pintura al óleo, un viaje a Hawai, lecciones de piano, *pedicures*. Dile sí a lo que eleva tu vida y el mundo a tu alrededor. No estamos hablando de un gran salto. Sólo el siguiente pasito. ¿Cuál es el tuyo?

3. Comparte esas dos cosas —ese sí y ese no— con la persona que más te dé ánimo.

Dile a tu esposo, a tu amigo, a tu padre. Hazlo real.

No necesitas un veredicto de cáncer para empezar a vivir de manera más plena. Cada día, enciende una vela. Qué gran recordatorio de que la vida es corta, de que el único momento que importa es el ahora. Salte de las películas aburridas. Cierra cualquier libro que no te deslumbre.

Saluda a las mañanas con los brazos abiertos y da las gracias cada noche con un corazón pleno. Cada día es un regalo precioso para ser paladeado y utilizado, no para dejarlo cerrado y reservado para un futuro que quizá nunca llegue.

Prepara las cosas muy bien; después, déjate fluir.

Casi todas las cosas en la vida todavía me asustan.

Yo solía pensar que si rezaba en forma correcta o pronunciaba las plegarias correctas todo el miedo me abandonaría. Y me abandona. El único problema es que regresa corriendo la siguiente vez que me enfrento a un nuevo desafío. Hay un viejo dicho: "El valor es el miedo que ha dicho sus plegarias". Yo rezo constantemente. Mis plegarias no siempre hacen que el miedo se vaya. Las plegarias me dan la gracia para actuar de todas maneras, de caminar o correr a través del miedo, dependiendo del desafío.

El miedo es mi constante y fastidioso compañero de vida. Mi nueva respuesta ante el miedo es: –¿Y qué? Que venga el nuevo reto.

Mi amigo Don me enseñó un lema que lo ha hecho enfrentarse a entrevistas de trabajo, redacción de solicitudes y reuniones ejecutivas de alto nivel que solían aterrarlo. A mí me ha ayudado a dar discursos ante multitudes, escribir columnas con fechas límite para cientos de miles de lectores y ser conductora de un programa de radio semanal. Incluso me ayudó a apoyar a una amiga durante el parto de su hijo.

Don conoció ese eslogan cuando era especialista en adicciones y estaba a cargo de un programa estatal de adolescentes en los 80. En su entrenamiento recibió toneladas de información para compartir con los doce niños que tendría a su cargo durante una semana. En las sesiones de entrenamiento el maestro siempre decía: "Prepárense al máximo para las reuniones, y después déjense llevar".

Es un gran consejo cuando se trabaja con adolescentes. Don utilizó ese lema, y sus sesiones hicieron posible que los chicos se abrieran y compartieran muchas historias personales. Don se dejaba fluir, pero tenía suficiente información como colchón en caso de que el flujo llegara a un alto abrupto. Sus niños amaban tanto las discusiones que apodaron a su grupo como "Papi D y Los Doce Sucios", y por ningún motivo querían que terminara.

Con los años, Don utilizó la frase cada vez que debía presentar información de la que no estuviera tan seguro. Cuando la aplicaba para trabajos, escribía un plan de negocios que incluía toda la información que pudiera obtener sobre la organización. Identificaba las cosas que necesitaban hacerse y explicaba cómo las haría él. Para un empleo, Don entrevistó a veinticinco profesionales en el ramo y llenó dos libretas de información. No es necesario decir que fue contratado.

Ahora él se aproxima a cada situación desconocida invirtiendo tiempo para preparar de más. Solía sentir envidia por la gente que consideraba más lista que él. Después se dio cuenta de que la única diferencia entre él y ellos era que ellos hacían su tarea, se preparaban al máximo. Él empezó a hacer lo mismo y se dejó fluir más allá de los demás.

Yo he utilizado su lema cada semana para preparar el programa de radio del que soy conductora en la filial que Cleveland tiene de la NPR (Radio Pública Nacional). Cada semana, el tema y los invitados cambian, pero ese micrófono abierto sigue siendo el mismo. Solía sentir ansiedad cuando me despertaba el día del programa. Ya no la siento. Preparo ampliamente el día anterior, imprimo páginas de contexto, investigo a los invitados y los temas. Coloco la información frente a mí y sólo verla me da confianza. Difícilmente utilizo la mitad de esta, pero tan pronto me encuentro al aire detrás del micrófono, la ansiedad se va y me la paso genial.

Cuando mi amiga Sharon me pidió si podía apoyarla cuando diera a luz, me sentí emocionada, pero también atemorizada. Yo había tenido un bebé, pero jamás había apoyado a nadie a través del parto.

Asistimos a clases durante semanas. Tomé abundantes notas que transferí a tarjetas gigantes, las clasifiqué y codifiqué con colores para las diversas etapas del parto. De esta manera podríamos utilizarlas rápidamente, como fichas. Mecanografié un plan de parto de cuatro páginas que incluía la forma como ella quería dar a luz: de manera natural, con las luces bajas, sin anestesia ni intravenosas y con música suave de fondo. Hice una lista de los visitantes que estaban permitidos y qué aroma de loción empacar (rosa), y qué sabor de Gatorade tener a la mano (Blue Frost).

Cuando se acercaba su fecha de parto, empaqué una maleta gigante con rueditas y la llené con todo lo que la maestra del psicoprofiláctico sugirió que podía ser útil durante el parto: una grabadora para la música suave. Una fuente para ayudarla a relajarse. Una pelota gigante para sentarse durante el parto. Posters con afirmaciones para animarla. Barras de granola para mí. Dulces para las enfermeras. Una videocámara, un cronómetro y puros. Me aseguré de que el asiento del bebé estuviera instalado en el auto, el tanque de la gasolina estuviera lleno y el sitio del pasajero protegido con una sábana impermeable.

Estábamos listas para cualquier cosa. A mi amiga se le rompió la fuente a las 5 de la mañana (hablábamos de ir con el flujo,

¿cierto?). Llegamos al hospital y la prepararon para el parto y el nacimiento. Durante horas, nada pasó. Yo estaba preparada para ello. Leímos revistas y libros, jugamos cartas y escuchamos música. Como ella no estaba haciendo suficiente progreso, el equipo médico decidió inducir el parto, lo que no era parte del plan. Le administraron una sustancia por vía intravenosa. Una vez que las contracciones empezaron, ya no se detuvieron. Yo saqué las fichas y la ayudé a intentar las diferentes posiciones y los ejercicios de respiración para aliviar la incomodidad y mantener la concentración. En su peor momento, cuando estaba luchando a través de contracciones interminables, permanecí tranquila y firme como una roca. Cuando llegó el momento de pujar, ella pujó tan fuerte que expulsó la intravenosa. También al bebé.

El pequeño Finnegan era hermoso. Su nacimiento me enseñó que puedes hacer cualquier cosa y, lo más importante, puedes ayudar a otros a hacer cualquier cosa. Sólo tienes que creer que puedes lograrlo. Y si realmente te preparas, es mucho más fácil confiar en el flujo de la vida y la dirección a la que te lleva.

Sé excéntrico ahora. No tienes que llegar a la vejez para vestirte de morado.

Los viejos y los niños saben cómo vivir.

Las personas que están en los extremos de la vida son quienes más se divierten. No les importa lo que los demás piensen. O son demasiado jóvenes para tener conciencia de ello o demasiado viejos como para que les importe.

Aquellos de nosotros que estamos en medio podríamos aprender una o dos cosas de ellos.

En los 80, un poema sobre ser lo suficientemente atrevido como para usar morado se hizo tremendamente popular. Muchas personas lo llaman equivocadamente "Poema púrpura", "Vieja mujer" o "Cuando sea viejo me vestiré de morado". La poeta inglesa Jenny Joseph escribió *Advertencia* en 1961. El poema terminó en tarjetas de felicitación, sudaderas y bolsos.

Como muchos de nosotros, la poeta está cansada de esos zapatos prácticos que combinan con conjuntos que ni siquiera nos gustan, de la ropa que hace que no desentonemos —como el papel tapiz—, de ser tan educado y propio que nadie nota que estás vivo (pues no haces nada imprudente, no blasfemas, no haces que nadie se sonroje, se ría o cante). Ella está cansada de comportarse. Yo también.

Algunas veces simplemente quieres pararte en un elevador concurrido, volteando en dirección opuesta a la puerta y citar *Hamlet* de Shakespeare o cantar "Zip-A-Dee-Doo-Dah" a los pasajeros. Algunos días desearías tener un silbato en una reunión o simplemente ejecutar un baile de tap mientras haces la cola en el correo. Cuán más divertida sería la vida si más gente se rigiera por las siguientes palabras: "Si vas a hacerlo, entrégate completamente a ello". O, al menos, se vistiera de morado con más frecuencia.

Cada vez que veo a una mujer "de edad" con ropa morada, pienso en ese poema. Qué aburrido ser práctico todo el tiempo, ser un buen ejemplo, seguir todas las reglas. Yo amo la tarjeta de cumpleaños que dice "¡Si sigues todas las reglas, te pierdes toda la diversión!"

Advertencia inspiró a un grupo de mujeres a crear la Sociedad de los Sombreros Rojos. Mujeres de 50 y más se reúnen para divertirse y actuar de manera tonta. La "des-organización", como les gusta llamarse, tiene pocas reglas. Las mujeres visten su traje de ceremonias: un sombrero rojo —entre más estrafalario mejor— y atuendo púrpura. Las mujeres por debajo de 50 deben usar un sombrero rosa y ropa color lavanda, pues ellas todavía no se ganan el derecho de ser tan extravagantes como sus mayores.

Yo admiro en silencio a esas mujeres que se ponen blusas rojas con lentejuelas durante la cena de un lunes o a los hombres con enormes sombreros del Dr. Seuss en los partidos de beisbol o de futbol. La mayoría de los días ni siquiera me atrevo a usar lápiz labial. La primera vez que lo hice, una mujer en el trabajo me preguntó si estaba enferma. Supongo que elegí un tono demasiado púrpura.

La cosa más excéntrica que he hecho en mi vida ha sido llevar una lonchera de Charlie Brown a la escuela... a la universidad. Tenía incluso un pequeño y tierno termo con Lucy y Woodstock para mi jugo. Hasta los 19 jamás había tenido un portaviandas. Cuando era niña vivía a dos cuadras de la primaria, así es que caminaba a casa para almorzar. El problema de llevar una lonchera durante tu primer año de universidad es que la gente no querrá hablarte. Ellos supusieron que yo era retrasada. Mi lonchera avergonzaba a mis amigos, así es que sucumbí a la normalidad.

Una década después intenté usar una boina negra ladeada en la cabeza, pero, para fastidiarme, la gente preguntaba si era una artista o me hablaban en francés.

¿Por qué ser normal? Es más fácil, pero no es tan divertido. La mayoría de las personas es bastante normal. Alguna vez busqué la palabra *excéntrico* en Wikipedia, y bajo la lista alfabética sólo encontré seis ejemplos. Qué lástima.

Las categorías en la lista eran:

Aquellos que asumen su propia defensa en un juicio.

Aquellos que usan corbatas de moño y observan a los pájaros.

Drag queens.

Aquellos que se entregan al debate político.

Modeladores de trenes a escala.

Alertadores.

No muy excéntricos, si me lo preguntan. ¿Qué hay de todas las demás categorías tan obvias?

A para amantes de los gatos que tienen 26 o más felinos colgando de los candelabros, los pilares de la cama y las cortinas.

C para coleccionistas que guardan contenedores de Bugs Bunny y compañía para los dulces PEZ.

G para aficionados a los gnomos, cuyos patios hacen que a los vecinos se les crispen los nervios.

M para los que usan monóculos y quieren verse amenazantes.

Otra **M** para los que montan monociclos.

P para peinados al estilo Einstein, que parece como si hubieras metido el dedo en el enchufe.

Otra **P** para *piercings* que van más allá de las orejas y las partes privadas.

S para los *Shriners*[1] que se visten gracioso y llevan esos autos divertidos durante los desfiles.

A lo largo de mi vida, he conocido un buen número de excéntricos genuinos. Conocí a una mujer mayor que sólo se vestía de blanco, de la cabeza a los pies. Y de vez en cuando me encuentro a un hombre que se pone shorts todo el año. En Cleveland. Shorts de los pequeños, como los que se usaban en los 80. Da un poco de miedo cuando se sienta. Si no desvías la mirada, puedes ver algo que te incomode.

Nosotros también tenemos un vecino excéntrico. El Sr. H ha usado la misma ropa durante diez años. Se ha ido desintegrando en él. Su playera blanca adquirió un tono amarillo como de periódico; sus pantalones azules de trabajo tienen unos gigantescos hoyos en las rodillas. Él tiene 80 y vive de una fortuna que heredó.

El Sr. H es dueño de tres casas en nuestra calle, de las cuales vive en una. ¿Las otras dos? Las dejó venirse abajo. Los mapaches y las ardillas se mudaron a ellas, y a él no le importa. El Sr. H se ve y actúa como el Lorax.[2] Si cortas una rama de algún árbol, te pegará con un rastrillo. Ha sido arrestado por no cortar su césped, pues quiere brindarles refugio a los conejos y otros animalitos.

---

[1] Grupo de origen masónico dedicado, entre otras cosas, a hacer obras de caridad. (N. de la T.)

[2] Personaje del Dr. Seuss cuya característica es ser defensor empedernido de la Naturaleza. (N. de la T.)

Un día llegó a nuestra casa con una botellita de barniz de uñas color rojo y un recibo por 69 centavos. Tocó nuestro timbre y señaló que un pedazo de pintura del tamaño de la uña de un recién nacido había caído de la fachada de nuestra casa, y quería que arregláramos el desperfecto. Ah, y también quería el reembolso por los 69 centavos. Él no aceptaría un dólar. Sólo los 69 centavos, por favor.

Personas como él le dan textura al mundo.

Usualmente uno escucha de ellos cuando mueren. El hombre que asistía desnudo a clases, en Berkeley, California (¿dónde más?). El hombre que se autonombró *Joybubbles*, y podía silbar como si alguien estuviera marcando el teléfono. La mujer cuyo obituario mencionaba que se había roto la pierna a los 80, al caer de un árbol.

Una vez, durante un retiro en la Abadía de Getsemaní, en Kentucky, observé que uno de los monjes no usaba ni zapatos ni sandalias. Cuando su túnica blanca se desplazaba por el efecto de los pasos, revelaba botas de cowboy. ¡Qué padre!

Si un monje puede usar botas de cowboy, el resto de nosotros podemos tener mejores accesorios.

Yo he empezado a usar unos lentes de sol con el marco moteado. Por esta peculiaridad, los lentes se conocen como *Cheetah*. Los encontré en South Beach, Florida, cuando mi suegro murió. Estábamos en una tienda de lentes de sol en Lincoln Road y me los puse como una broma. ¿Quién usaría algo tan atrevido?

A mi esposo y a su hermano Gary les encantaron. Mi suegro amaba los lentes de sol, así es que todos escogimos un par. Yo usé los lentes en el funeral. Años más tarde, también los usé en la boda de mi hija. Se han convertido en mi firma.

Adoro la cita de Ray Bradbury que dice que todos somos milagros de la Fuerza Vital. Eso te hace sentir como si fueras un signo de exclamación que vive y respira, creado por el universo, que simplemente quiere gritarse a sí mismo, y a todo lo demás en él, que estamos vivos.

Creo que de eso se trata la excentricidad, ser uno de los gritos del universo. Así es que, ¿qué estás esperando?

¡Grita!

Apenas recibas tu primer mes de sueldo, empieza a ahorrar el 10 por ciento para tu retiro.

Por primera vez en la vida, mi sueldo era bueno.

Está bien, no era mucho, pero era un salario decente. Para alguien más, 22 mil dólares al año probablemente sería un salario indigno, pero después de haber recibido durante dos años seguidos 7,500 dólares anuales y ser la única proveedora de la familia, llegar primero a 12 mil y, después, a 22 mil era una ganancia inesperada.

Podía llevar a mi hija a McDonald's sin tener que buscar monedas de veinticinco centavos debajo de los cojines del sofá. Podía comprar medio litro de helado sin tener que esperar a que estuviera de oferta. Podía pagar todos los servicios a tiempo.

Sí, me estaba yendo bien. O así lo pensaba. Estaba en mis treinta y tratando de ponerme al corriente con todos los demás, cuando el hombre que trabajaba frente a mí empezó a molestarme sobre la importancia de ahorrar para el retiro. ¿Retiro? Estaba loco. Ahora era cuando necesitaba el dinero. El retiro estaba a una distancia de décadas. De años luz.

Por fin tenía un ingreso sólido y él quería que yo lo desperdiciara en el futuro. Así es como yo lo veía. Cada dos meses me preguntaba si estaba contribuyendo al plan 401 (k) de la compañía. El periódico para el que trabajaba, el *Beacon Journal*, era de la cadena Knight-Ridder. La compañía pondría veinticinco centavos por cada dólar que yo pusiera. A mayor escala eso significaba que por cada 20 dólares, ellos pondrían 5. Por cada cien, ellos pondrían 25, y así sucesivamente.

No, no estaba registrada en el programa y no planeaba hacerlo. No era simplemente que no quisiera confiarles a otros mi dinero. El asunto era que yo no confiaba en el dinero, que malinterpretaba la cita de la Biblia, "El amor por el dinero es la raíz de toda maldad". Yo pensaba que el dinero era malo. ¿No era avaricia querer más? Un plan 401(k) me sonaba como una confabulación. Así es que continué rechazando el dinero gratuito, no sólo el 25 por ciento correspondiente, sino también todos los intereses.

Mi amigo finalmente me desgastó.

—Te están *dando* dinero. ¿Cómo puedes rechazarlo?

Acabé por contribuir a ese 401(k), pero perdí años de ganancia potencial debido a mi miedo e ignorancia.

No fue sino hasta que conocí a mi esposo años más tarde cuando aprendí el poder de la capitalización. Él me introdujo a uno de los conceptos financieros más importantes: interés compuesto. Al parecer, fue Albert Einstein quien dijo: "La fuerza más poderosa en el universo es el interés compuesto".

Si sólo hubiera sabido todos esos años atrás que el tiempo hace que el dinero crezca. Alguna vez tuve una cuenta de ahorros con unos cuantos cientos de dólares. Cada dos años, cuando la checaba, tomaba el interés y lo gastaba. Era mi premio. Dinero gratis. ¡Bravo! Jamás dejé que el interés creciera sobre el interés que ya se había generado. En ese sentido, el dinero hace el trabajo por ti. Puedes invertir en acciones, fondos de inversión, ése es un asunto entre tu asesor financiero y tú. Sólo déjalo solo, todo, incluso el interés. Puedes pedir que se retire el dinero de tu sueldo a través de un depósito directo. De esa manera aprendes a vivir de lo que te queda.

Uno de los libros más sencillos y populares que explica esto es *El barbero millonario*, de David Chilton. Fue escrito en 1989 y contiene una verdad eterna. El argumento es que Roy, el rico barbero de un pequeño pueblo, sirve como mentor de sus clientes. Él les dice que empiecen a contribuir de inmediato para el retiro, sin importar lo viejos que sean. Entre más pronto, mejor. De hecho, cuánto más pronto, el resultado podría ser sorprendente.

Roy cuenta la historia de unos gemelos de 22 años que decidieron empezar a ahorrar para el retiro. Uno de los gemelos abre un plan para el retiro, invierte 2 mil dólares al año durante seis años, y después para. La historia funciona bajo la premisa de que su plan capitaliza al doce por ciento al año, lo que es bastante bueno.

El segundo gemelo deja las cosas para más tarde y no abre un plan sino hasta el séptimo año, el año que su hermano se detuvo. El segundo gemelo entonces contribuye con 2 mil anuales, durante 37 años. Él, también, cuenta con un interés del 12 por ciento al año. A los 65, salen a cenar para comparar sus ahorros. El segundo gemelo, que está totalmente consciente de que su hermano dejó de contribuir 37 años atrás, se siente confiado de que sus ahorros valdrán, al menos, diez veces los de su hermano.

Pues no. A los 65 ambos ahorraron la misma cantidad: 1,200,000 dólares.

La historia me sorprende cada vez que la escucho. El primer hermano pagó 2 mil dólares al año durante seis años. Si haces la suma, te darás cuenta de que invirtió un total de 12 mil dólares. El segundo hermano invirtió 2 mil dólares anuales durante 37 años. Eso significa que invirtió 74 mil dólares —más de seis veces lo de su hermano— para al final obtener la misma cantidad.

En pocas palabras: empieza a ahorrar para el retiro ahora y deja que el interés recaude interés. Lo que quisiera saber es por qué Roy sigue cortando el cabello si es millonario.

El concepto ha sido apodado "Solución del 10 por ciento", o págate a ti mismo.

Invierte 10 por ciento de todo lo que ganas, y déjalo crecer a largo plazo. Jamás toques el capital, ni el interés.

Mi esposo tiene dos hijos de su primer matrimonio. Él constantemente les dice a ellos y a mi hija que siempre inviertan el 10 por ciento de cada regalo de cumpleaños, cada regalo de Navidad, cada aumento. Es un gran hábito que se ha de infundir en niños pequeños para que lo hagan con sus domingos.

Ni siquiera se trata de fuerza de voluntad. Sólo se requiere una decisión de tomar el cien por ciento de la responsabilidad para tu vida y tu futuro.

Nadie más está a cargo de tu felicidad.
Tú eres el director de tu alegría.

Los hombres no tienen la capacidad de leer la mente.

Cada mujer lo sabe, pero muchas de ellas presionan a sus esposos, novios y amantes a que realicen esta imposible hazaña.

Analiza, por ejemplo, el Día de San Valentín, el que después del Año Nuevo provoca más decepciones. ¿Cuántas mujeres saben exactamente lo que quieren y, sin embargo, no les han dado ni una sola clave a sus amantes? Quieres una caja de chocolates *Godiva*, él te compra ropa interior comestible. Quieres boletos para el teatro, él te lleva a un partido de básquetbol. Quieres una cena a la luz de las velas, él lleva a casa comida rápida.

Tanto hombres como mujeres estarían mucho más contentos si pudieran leer sus propias mentes y se hicieran cargo de sus propias necesidades y deseos.

Yo pasé mucho tiempo sintiéndome miserable en mi cumpleaños, el Día de San Valentín, la víspera de Año Nuevo y las citas nocturnas de los sábados. La decepción se debía a que tenía grandes expectativas de lo que mi novio en turno debía hacer para complacerme. El problema era que jamás comunicaba lo que quería. Ni siquiera a mí. Cada vez que él preguntaba a qué película ir, yo encogía los hombros sin preocuparme por ver la cartelera. Cada vez que preguntaba a dónde podríamos ir a comer, yo decía que no importaba, aunque tuviese antojo de pizza Luigi o enchiladas de Luchita.

¿Por qué no decía simplemente lo que me apetecía? Porque cada vez que tenía el extraño valor de nombrar lo que quería y no lo conseguía, me sentía devastada. Para evitar sentir ese rechazo personal, mantuve mis deseos en secreto. Si no los nombras, quizá aun puedas tener la oportunidad de obtenerlos. Es un extraño juego mental al que las mujeres nos entregamos con frecuencia, uno que casi siempre perdemos.

Finalmente, aprendí el secreto. Cuando alguien te pregunte qué quieres, en vez de negar que tienes deseos, en vez de esconder el deseo de tu corazón por miedo a no obtenerlo, intenta lo siguiente: pregúntate qué te haría realmente feliz. No te conformes con una o dos respuestas. Piensa en tres opciones y ofrécelas, todas las que te gusten. Ellos elegirán cuál darte, pero habrás acumulado la baraja a tu favor.

En las citas amorosas, el trabajo, el matrimonio, la paternidad y cada relación en la que te encuentres, debes tomar la responsabilidad de tu propia felicidad, porque nadie más tiene el poder de hacerte feliz. Concentra tu energía en diseñar la vida que quieras, en lugar de esperar a que alguien más aparezca y te la ofrezca en una bandeja. Termina la universidad. Forja una carrera. Descifra lo que te hace feliz y elígelo, todos los días.

No depende de nadie más en el planeta hacerte feliz. No le corresponde a tu madre, a tu padre, a tu esposo, a tu pareja, a tu novia, a tu novio, a tus hijos, a tu jefe, a tus colegas, a tus amigos ni a tu horóscopo. Depende de ti y sólo de ti.

Todo empieza eligiendo ser feliz.

Cuando te sientas atorada o atorado en sensaciones de miedo, fatalidad, pesar, tristeza y autocompasión, simplemente detente y pregúntate lo siguiente: "¿Quiero ser feliz?"

La respuesta no debe ser, "Sí, pero...".

No hay peros al respecto.

Todo depende de ti.

Aquí y ahora elige la felicidad. Cuando te sientas estancado en un estado de ánimo en el que no quieras estar, pregúntate: "¿Qué haría en este momento una persona feliz?" Practica ser feliz. Actúa como si lo fueras.

Convierte "ser feliz" en parte de tu rutina diaria. Haz una cita semanal para consentirte. Programa una hora de tu calendario. Llama a este tiempo la hora de la belleza, la hora de las emociones, la hora de la paz.

Visualiza tu día ideal y vívelo. Usa tu ropa favorita. Toma una siesta. Duérmete tarde. Come pizza a la hora del desayuno. Diseña un día soñado para ti y solamente para ti.

Que te den un masaje. Que te hagan *pedicure*. Enloquece. Píntate cada dedo de los pies de un tono distinto de rojo. Cómprate ropa interior nueva. Tira los calzones con seguritos y más hoyos que un pedazo de queso gruyere. Tú mereces algo mejor.

Llama a un montón de amigos y haz una fiesta de seres auténticos. Pídeles a todos que traigan una entrada de chocolate.

Crea un santuario en tu hogar, un lugar privado donde puedas rezar, soñar, crear. Jala una silla hasta la ventana. Cuelga un helecho o planta un círculo de violetas. Vuelve a leer tus libros favoritos.

Acurrúcate y lee unos sonetos de amor. Toma un baño de burbujas, o uno lleno de vapor con velas flotantes. Corta flores frescas y ponlas en tu buró.

Hazte cosquillas. Ve comedias bobas, compra algunas historietas, escucha una vieja grabación de Bill Cosby.

Ten una cita contigo misma. Planea toda una noche contigo. Ordena tu comida favorita: vino, botana, plato fuerte y postre. Cuando el mesero pregunte si vienes sola o solo, tú lo afirmarás con alegría, no con vergüenza.

Escucha tu música favorita de la preparatoria. Quema un CD con tus canciones preferidas. Llámalo la banda sonora de tu vida.

Apunta las veinte mejores cosas que te han sucedido en la vida, hasta el momento. Después, escribe las veinte cosas que te gustaría que te sucedieran, elige una y haz algo para que se vuelva realidad.

Escribe una carta dirigida a ti, como la personita que eras a los seis años. ¿Qué le diría la niña que fuiste a la persona adulta que eres?

Toma una crayola gorda y escribe con tu mano izquierda (si eres zurdo, escribe con la derecha).

Reordena tu habitación. Haz que entre más el sol y la luz de la luna en ella. Cuelga algunas luces parpadeantes en una esquina.

Escucha a hurtadillas conversaciones contigo misma. Si no son agradables, cámbialas. Escribe un nuevo guión. Coloca afirmaciones positivas en toda la casa. Escóndelas en la guantera, en el gabinete de las medicinas, en el congelador, en la tapa de la secadora, en el cajón de los calcetines.

Reúne todas esas fotos sueltas y ponlas en un álbum o en un *collage* de la gente que más te ama.

Hazte cargo de tus propias necesidades y deseos, y ya no estarás depositando expectativas desesperadas en otros. Ya no entrarás hambrienta de la relación, estarás satisfecha, con algo que compartir que los enaltecerá a ambos.

Acepta y celebra que estás a cargo de tu propia felicidad. Has sido designada oficialmente directora de tu destino. Como una amiga me enseñó: puedes ser feliz o puedes ser miserable, requiere la misma cantidad de esfuerzo.

Dimensiona todas las catástrofes con estas palabras: "¿En cinco años tendrá esto alguna importancia?"

Toma como ejemplo cualquier problema, desastre o crisis y pregúntate: "¿En cinco años, importará esto?"

La respuesta casi siempre es negativa.

Piensa en tus años de escuela. Me tomó doce años terminar la licenciatura. ¿Importa ahora que me haya tardado tanto? No.

Yo quería ser guardabosques y necesitaba veinticinco horas de créditos de química. Reprobé la primera clase. También obtuve un seis en zoología y un seis en psicología infantil. En ese momento me consideraba un fracaso. Todo se puso peor. Me embaracé y dejé la escuela. Pero cuando regresé seis años más tarde, la universidad tenía una política de perdón académico. Me dieron amnistía y borraron esas calificaciones. *Voilà.* Salto instantáneo de promedio.

Con demasiada frecuencia agonizamos por las cosas pequeñas.

Tienes una terrible migraña o terribles retortijones o una tremenda sinusitis que hace difícil que salgas de la cama. Pasas toda la noche dando vueltas, debatiéndote si debes llamar al trabajo para reportarte enfermo. Llama. En cinco años, ¿va a importar que te hayas tomado un día?

Tienes que entregar un informe y no es perfecto. Es lo mejor que puedes hacer, pero no te satisface. Querías que tuviera diez páginas, y sólo tiene nueve. Relájate. En cinco años, ¿importará?

Tienes un bebé de pecho y quieres regresar al trabajo. Deseas dejar de amamantarlo, pero te preocupa que eso traumatice al bebé. ¿Se sentirá abandonado? ¿Una botella entre ustedes destruirá el vínculo madre-hijo? En cinco años, no importará. Lo importante es que quieras a tu bebé.

El hijo de 2 años de mi amiga no podía dejar el chupón. El niño lo chupaba tan fuerte que parecía como una aspiradora Hoover. El chupón iba a interferir en la formación de sus dientes, pero su mamá estaba preocupada de cómo dormiría sin él. Finalmente le dijo al niño que se lo iban a mandar por correo a alguien que lo necesitara más. Él lo superó en un día y durmió profundamente esa noche y las siguientes.

Los padres pasan por ello todo el tiempo. Su hijo no está caminando tan pronto como el hijo de alguien más. ¿Importará en cinco años si el bebé da su primer paso a los 9 o a los 14 meses? De cualquier manera, el niño no va a ir gateando al kínder. Lo mismo pasa con las idas al baño. Los padres se ponen histéricos de que el pequeño todavía use pañales al año y medio o que tenga accidentes a los dos. Relájense. Ningún niño llega a la primaria en pañales.

Intenta esto en entrevistas de trabajo, citas y calificaciones. ¿Importará en cinco años? ¿Cinco meses? ¿Cinco minutos? Probablemente no.

¿Qué pasa cuando lidiamos con algo más difícil? ¿Qué pasa cuando hay más cosas en juego? ¿Qué pasa cuando la situación impacta a otros? La pregunta de los cinco años funciona de todas maneras. Algunas veces debes ver hacia delante y preguntarte: "¿Importará este problema/situación/incidente en cinco años?" Un entrenador lo hizo y le enseñó a su equipo una lección sorprendente. Era una lección difícil, pero que jamás olvidarían.

El entrenador de futbol americano de la preparatoria Cincinnati Colerain, Kerry Coombs, había llevado a su equipo de futbol a trece victorias en trece partidos. Sus chicos habían vencido a su último oponente con un marcador de 49-7. Sus chicos entregaban sus corazones en cada partido y estaban a unos días de lo que constituía el Super Bowl preuniversitario: el campeonato estatal. A donde quiera que fuera el entrenador, la gente lo felicitaba. Él sólo podía pensar en el próximo partido.

Todo el mundo estaba emocionado por el gran partido del sábado hasta que un antiguo alumno de la escuela, al ver las noticias de deportes en la televisión, le dijo a su madre:

—Oye, yo estuve en segundo de secundaria con ese chico que sale en la tele, me pregunto por qué sigue en la escuela.

Su madre, que trabajaba en ese plantel, le hizo la misma pregunta a un orientador. Él revisó el archivo del chico y descubrió que el jugador había reprobado tercero de secundaria y se encontraba en su quinto año de preparatoria. Esta situación le quitaba el derecho de jugar deportes. La información fue transmitida al entrenador, el director y el superintendente.

Salvo cuatro personas, nadie sabía que ese niño no podía competir. No importaba que el chico hubiese jugado futbol en la preparatoria por dos años. No importaba que el chico hubiese tenido problemas familiares y por ello casi no hubiera asistido a la escuela durante tercero de secundaria. No importaba que sus calificaciones fueran terribles y que, finalmente, hubiese hecho un esfuerzo, diez nuevos amigos e intentara hacer algo con su vida.

Una regla es una regla. Y si el entrenador informaba de la infracción al estado, su equipo no jugaría el gran partido.

—No fue fácil —el entrenador Coombs me dijo—. Mentiría si dijera que no había una parte de mí que quería aferrarse al hecho de que sólo cuatro personas sabían sobre esto. Pero a fin de cuentas jamás habría podido vivir con ello. Hacer algo mal y quedarnos callados habría constituido una terrible lección para nuestros chicos. Jamás habría podido volver a verlos directamente a los ojos.

La escuela informó la situación al estado. Después el entrenador llamó a todos sus jugadores de futbol al auditorio. A todos, excepto uno. Otro entrenador llevó al jugador en cuestión a casa para darle la noticia en privado. El equipo sabía que estaba en serios problemas cuando el entrenador Coombs les pidió que rezaran. Cuando les dijo la noticia, ellos lloraron. Después los llevó al campo de futbol para terminar la temporada. En su uniforme escolar, y rodeados de asientos vacíos, lanzaron la pelota.

Él hizo todo lo que un gran entrenador habría hecho. Convirtió la experiencia en una lección.

—Nadie ha muerto, nadie está herido. La vida sigue adelante —les dijo—. Se enfrentarán a la tragedia y a la desilusión nuevamente en la vida. Un hombre se mide por su actitud al levantarse del suelo cuando ha sido tacleado.

Conforme la conmoción se fue expandiendo por la comunidad, el nombre del jugador que no podía competir apareció en televisión, radio y periódicos. Una orden de arresto se emitió para el niño, puesto que él no había pagado la indemnización por un cargo de robo. No tenía dinero. Su entrenador lo llevó a la estación de policía para que pudiera entregarse. El niño estaba devastado. También el entrenador. Una cosa era ver cómo terminaba prematuramente una temporada de futbol; otra muy distinta ver cómo se deshacía la vida de un chico.

—Él ha dado pasos agigantados —dijo el entrenador—. La gente pierde de vista que éste es un niño. Puede tener dieciocho, pero sólo es un niño.

Los entrenadores habían estado tan ocupados llevando al chico a la escuela, ayudándolo con su tarea y revisando sus calificaciones cada semana, que nadie se preguntó jamás sobre su elegibilidad.

¿Qué pasó después? Comida, faxes y flores fluyeron a la escuela de cada rincón del estado. Incluso los directivos de otras preparatorias llamaron para ofrecer apoyo. La gente donó dinero para ayudar al estudiante a cubrir su indemnización.

El entrenador les dijo que no, pero pidió lo siguiente:

—En lugar de dinero, ofrézcanle trabajo.

Él convirtió el episodio en una temporada de triunfo, una que recordarían mucho después de graduarse. Él sabía que cinco años después, ya graduados y en la universidad, haber perdido el derecho a una temporada de futbol no sería un desastre en absoluto. Sería una lección sobre honestidad e integridad que los llevaría mucho más lejos en la vida que cualquier victoria en el campo de futbol.

Siempre elige la vida.

Yo descubrí el secreto de la vida en primero de preparatoria, cuando el maestro de literatura nos hizo leer *Walden* de Henry David Thoreau.

Escribió sobre su experiencia en el bosque, donde vivió en soledad durante dos años y dos meses. Construyó una pequeña casa a poco más de un kilómetro de cualquier vecino, a orillas del lago de Walden, en Concord, Massachusetts. El pasaje que pareció hablarme directamente cuando iba en primero de preparatoria sigue llamándome ahora:

> *Fui a los bosques porque quería vivir a conciencia, enfrentar sólo los hechos esenciales de la vida, y ver si podía aprender lo que me habrían de enseñar. No fuera que cuando estuviera por morir, descubriera que no había vivido. No quería vivir lo que no fuera la vida. ¡La vida es tan querida!*

El secreto de la vida es elegir la vida.

La vida es tan querida.

Cuatro años después de leer cómo Thoreau había arrinconado la vida, la vida me arrinconó a mí. Era una estudiante universitaria de 21 años que me enfrentaba a una pared de miedo. No había tenido la regla durante cuatro meses y un montículo crecía entre mis caderas.

No quería estar embarazada. Traté de desaparecer el embarazo rezando, y después simplemente decidí que no estaba embarazada. Pero la negación tiene sus límites. En realidad, no funciona para nada cuando se trata de detener un bebé en crecimiento.

En aquel entonces no podías ir a la farmacia, comprar una prueba de embarazo, hacer pipí en un palito y descubrir en la privacidad de un baño cuál era el resultado. Debías ir al doctor, dar una muestra de orina en un recipiente y esperar una semana para el veredicto.

Llevé mi muestra a una pequeña agencia en Kent, Ohio, que se especializaba en ayudar a las madres solteras. Las mujeres en Birthright no eran antifeministas hostiles, no eran locas de pro vida que llamaban asesina a la gente que elegía el aborto. Ellas simplemente querían ayudar a las mujeres a saber que dar a luz y quedarte con el bebé o darlo en adopción eran opciones viables.

El día que debían estar los resultados, llamé desde una cabina telefónica a la agencia. Me dijeron que necesitaba presentarme personalmente. Procedimiento estándar, mintieron. Caminé a través del campus aquel día hasta la pequeña zona comercial donde se ubicaba la agencia. Mis pies parecían no tocar la tierra. Floté ahí, casi como si ya supiera que el cambio era inminente.

La mujer detrás del mostrador parecía tan contenta con las noticias. Aunque yo ya debía saberlo, las palabras se sintieron como una bofetada en el rostro. *Estás embarazada.*

¿Yo? ¿Yo que sólo tengo 21? ¿Yo que tenía miedo y estaba perdida y sola? ¿Yo que había terminado la relación con el padre del bebé hacía meses? ¿Yo que no tenía ni idea de lo que estaba haciendo con mi vida?

Sin embargo, en el fondo, como la calma en el ojo del huracán, la paz llenó mi centro. Vida. Una nueva vida estaba creciendo, dentro de mí.

Le dije que sí ese día, y cada día desde entonces.

En aquel momento había dos maneras de ver la situación: lamentable fracaso o maravillosa oportunidad. Terminé dejando la escuela y renunciando a mi trabajo como técnica de emergencias médicas, pues no podía cargar cuerpos sin correr el riesgo de lastimarme la espalda y al bebé. Vivía en casa de mis padres y me sentía como un tremendo fracaso en el mundo.

Pero adentro, en un mundo privado que no compartía con nadie, sentí alegría por convertirme en mamá. Debía mantenerlo en secreto, porque el mundo quiere que sientas vergüenza.

¿Esa hija, ese bebé que alguna vez traté de ahuyentar con mis rezos? Es el mayor regalo de mi vida. Viendo hacia atrás, desde mis 53 años, ha sido la mejor vuelta que ha dado mi existencia.

Elige la vida.

Para mí no se trata de un eslogan antiaborto que provoque controversias. Es una manera de ver cada día, cada elección. Cuando debo elegir algo, me pregunto cuál es la decisión que enaltecerá mi vida. Y después la tomo.

Cuando descubrí que tenía cáncer, las opciones de tratamiento no eran muy atractivas: cirugía, quimioterapia, radiación. Desafortunadamente, el doctor las sugirió todas.

Había visto a tanta gente desgastarse por el cáncer. Como técnica de emergencias médicas, solía llevar a las personas a su tratamiento de radiación y quimioterapia, gente que se sentía muy mal para conducir, gente en su último aliento. Tres de mis tías habían muerto de cáncer después de años de luchar, después de años de sufrir. ¿Cuál sería mi destino?

Un día, justo antes de empezar el tratamiento de quimioterapia que tanto temía, me entregué a un juego mental. ¿Qué tal si simplemente no lo hacía? ¿Qué tal si me rehusaba a la quimioterapia y sólo confiaba en que la cirugía se deshiciera de todo y que la oración me protegiera? Mmm. Como que me gustaba cómo se sentía. Pero conforme fue pasando el día, en lo profundo de mi ser sabía que eso no era elegir la vida. No para mí. Sabía que debía hacer todo lo posible para mantener vivo mi cuerpo, para que él pudiera albergar mi espíritu. Sabía que Dios todavía no había terminado su tarea conmigo.

Al final no pude callar el susurro de esa pequeña y serena voz que es Dios. *Elige la vida.* Al final del día, había llegado a un *crescendo* de ópera.

Y yo también: elegí la vida. Tomé los tratamientos. Todos. Primero me enfermaron, pero después me curaron. La experiencia completa transformó mi vida y las vidas de aquellos a mi alrededor, desde mi hija y esposo hasta perfectos extraños.

Entre los más grandes regalos de toda mi vida, entre los primeros diez —no, los primeros cinco—, hay dos cosas que jamás habría elegido:

Haber sido madre soltera a los 21. Lo mejor que me ha pasado.

Haber sido paciente con cáncer a los 41. Una de las mejores cosas que me han pasado.

Me cambiaron para bien, me cambiaron para siempre.

La vida me llevó por un sendero en el que no quería estar, en el que no planeaba estar. Sin embargo, una vez ahí, aprendí que el secreto de la vida es sólo ese: elegir la vida. La vida es tan querida.

Perdona.

En mi auto una calcomanía azul dice: "Dios bendice a todo el mundo, sin excepciones".

Hasta ahora nadie me ha cuestionado por ella. Confieso que hay muchos días en los que soy yo quien la cuestiono, cuando soy yo quien alberga excepciones. Solía tener una larga lista. Después la reduje a una persona, pues no podía evitar el resentimiento.

Es más fácil perdonar a aquellos que te lastiman que a aquellos que lastiman a las personas que amas. ¿Cómo perdonas al padre que abandonó a tu hija? ¿Que dejó de aparecer en su vida? ¿Que la decepcionaba cada Navidad y cada cumpleaños? ¿Que seguía haciendo promesas que no cumplía?

Algunos años después de que mi hija naciera, yo había reparado lo que me correspondía.

Cuando íbamos a la universidad salimos durante unos cuantos meses, y después fui yo quien terminó la relación. Meses más tarde, descubrí que estaba embarazada. Cuando le dije sobre el bebé, él sugirió que nos casáramos. Yo no le veía ningún sentido a esto. Si no queríamos salir juntos, definitivamente no debíamos casarnos.

Cuando mi hija cumplió cinco, empezó a preguntar por su papá, quien jamás la había visto. Yo me sentí mal y me di cuenta de que no tenía derecho de sacarlo de su vida. Después de semanas de oración y consejos de un mentor espiritual, lo llamé un día y lo invité a su vida. Me disculpé por haberlo excluido y le dije que dependía de él si quería una relación con ella. Yo necesitaba limpiar mi lado de la calle, y lo hice.

Él había seguido con su vida y se había casado, y aunque el matrimonio quería tener hijos, ella no podía. Él jamás le había contado a su esposa sobre Gabrielle. Antes de conocerla, le hice una advertencia: "Si le abres la puerta, hazlo completamente. No puedes conocerla y después desaparecer. Es un compromiso, no una curiosidad, así es que debes estar seguro de que es algo que realmente quieres hacer. Habla con tu esposa y piénsalo. Asegúrate de que sea una decisión adecuada para ambos".

Cuando conoció a Gabrielle, se enamoró de ella. Empezó a verla cada mes, después se la llevaba fines de semana completos. Él y su esposa la trataban como a una princesa, incluso destinaron un cuarto para ella en su casa. Por unos cuantos años, él permaneció en su vida, pero después, gradualmente, salió de ella. Gabrielle solía regresar de los fines de semana en su casa quejándose de que su papá había trabajado todo el tiempo ayudando a los vecinos o a la gente de su iglesia, y que ella casi no había podido estar con él. Después, él y su esposa adoptaron dos niñas. Con el tiempo, las visitas, las llamadas y las cartas desaparecieron. Cuando llegó a la adolescencia, ella reunió el valor para confrontarlo. Lo llamaba y lloraba, y él prometía regresar a su vida, pero jamás lo hizo.

Me enojé tanto con él por lastimarla una y otra vez. ¿Qué tan difícil era escribir o llamar? Me preocupaba que ella creciera culpándose por su ausencia, pensando que estaba haciendo algo mal.

Gabrielle se fue a la universidad, se enamoró y se comprometió para casarse. Su novio era una navaja suiza humana, un ingeniero que amaba cazar, pescar y componer cosas. Establecieron una fecha para la boda, pero ocho meses antes ella quiso posponerla. Acababa de graduarse de la universidad y jamás había vivido sola. Necesitaba tiempo para madurar y convertirse en adulto. En algún lugar de su interior, ella sabía que no hacían buena pareja, pero no podía decirlo.

Una noche todo se vino abajo. Cuando ella le pidió que pospusieran la boda, él emitió un ultimátum: ahora o nunca. O seguían con los planes de boda o terminaban. Después de muchas lágrimas y mucho dolor, ella le devolvió el anillo. Él se fue y ella jamás lo volvió a ver.

Ha sido la decisión más difícil que ella haya tomado. Durante mucho tiempo se sintió injusta y vulnerable. Después, un fin de semana, asistió a un retiro sobre el perdón. Regresó transformada. El retiro la liberó.

Con mucha frecuencia escuchamos el eslogan: "Perdonar y olvidar". La mayoría de la gente no puede con lo último, y quizá no debería, para protegerse a sí misma. Pero qué tal si, en lugar de olvidar, ¿volviéramos a contar la historia? Eso fue lo que ella aprendió en el retiro. En vez de contar la saga que te dibuja como una víctima y a alguien más como un villano, reescribe el guión. En lugar de justificar y defender tu dolor, libéralo.

Con mucha frecuencia seguimos contando la historia de la herida. Obtenemos atención y compasión por ser una víctima o por estar en lo correcto. Buscamos compensaciones baratas que nos mantienen atorados. Si hemos invertido en que alguien sea nuestro villano, debemos amar ser la víctima. Debemos liberar a ambos personajes en la historia.

Mi hija había cargado dentro de ella una historia que seguía lastimándola: su padre la abandonó una y otra vez. Su prometido era un gran tipo al que ella lastimó y abandonó. ¿Qué tal si lo veía bajo otra luz?

Ella empezó a contarse una nueva historia. Su padre había hecho lo mejor que podía. Por alguna razón no fue capaz de dar más. No tenía nada que ver con ella, así es que ya no seguiría tomándoselo personalmente. Ella no podía cambiar lo que él era. Quizá él tampoco podía.

Ni ella ni su prometido necesitaban representar el papel de víctimas. La suya, en su lugar, era la historia de dos personas que se habían amado, intercambiado regalos del corazón y, después, puesto en libertad. Con el tiempo, él encontró a alguien más con quien casarse. Y ella encontró a James, un maravilloso regalo para todos nosotros.

La historia la hizo caminar del pesar al perdón y a la libertad. El perdón es perder definitivamente la esperanza de un mejor pasado. Al principio, suena duro, pero una vez que dejas ir lo que quisiste que fuera tu pasado, puedes empezar a cambiar el presente y crear un mejor futuro.

Yo lo intenté. La historia que siempre contaba nos dibujaba a Gabrielle y a mí como víctimas. Yo era la pobre madre soltera que siempre luchaba. Su padre era el villano que nos había abandonado a ambas. Unas cuantas semanas antes de la boda de Gabrielle, me preocupé de que se fuera a sentir triste porque su padre no la acompañara hasta el altar. Hice un cambio en mi conciencia, y decidí contar una historia diferente, no una de ausencia, sino una de presencia.

Busqué en las cajas del ático y encontré todas las fotos que tenía de su papá cuando éramos universitarios. Compré un pequeño álbum de recortes y me senté con mis recuerdos. En cada página pegué fotos de él y escribí sobre cada una de las cualidades que tenía.

Después hice otro álbum de todos los hombres en la vida de mi hija que tomaron el lugar de su padre, y que llenaron los vacíos. Mi propio padre, mis cinco hermanos, mis amigos que le enseñaron a andar en bici, aventar la pelota y batear. En la primera página, pegué su certificado de nacimiento. Desde que nació, la línea para PADRE había permanecido en blanco. Debajo de su certificado, escribí una nueva historia, una que había sido verdadera. Le dije que la línea estaba en blanco no porque no tuviera un papá en su vida, sino porque tenía tantos que sus nombres no cabrían en el certificado.

Algunos dicen que el perdón es un proceso. Eso es cierto, pero empieza con una decisión. Una vez que decides cambiar tu historia, obtienes tu final feliz.

Cuando mi hija caminó por el pasillo, los hombres que ayudaron a criarla, todos esos padres sustitutos que llenaron los espacios vacíos, la rodearon de amor.

¿Y su padre biológico? Lo mejor de él estaba ahí, en *ella*.

LECCIÓN
30

Lo que los demás piensen de ti no es de tu incumbencia.

Como columnista de periódico, me han llamado de todo. *Imbécil. Idiota. Pendeja. Cabrona. Zorra despreciable. Perra que ama a los judíos.* Algunas veces me han dicho todo eso en un día. Qué digo, algunas veces en una hora.

Los lectores me insultan constantemente a través de llamadas o correos electrónicos anónimos:

"Eres tan parcial". (Escribo una columna de opinión.)

"Eres una liberal *comemierda*".

"No te tolero y jamás te leo". (Sin embargo, la lectora citó todos los párrafos que odiaba.)

"Pareces un gremlin". (¿El auto o el alien? Siempre me pregunto.)

"Estás enferma".

"Eres un insulto para Dios".

"Eres una desgracia".

"Eres tan ingenua".

"No tienes idea, eres ignorante y arrogante".

Mis dos favoritas: "Pierdo puntos de IQ cada vez que leo tu columna". Y la otra: "No sé qué tipo de grado tengas, ¡pero debe tener algo que ver con estupidez!"

El día en que mi editor en el *Beacon Journal* me dio la columna, en 1994, me sentó en su oficina y trató de convencerme de no tomarla. Me advirtió que quizá no querría realmente este trabajo de ensueño.

—Los lectores serán descaradamente malos y canallas —advirtió—, y te atacarán de todas las maneras posibles.

Él no estaba seguro de que yo fuera lo suficientemente fuerte como para aguantar esto. Yo estaba segura de que no lo era, pero de todas maneras dije que sí.

Simplemente me esforzaría más e ignoraría los comentarios malvados. En mi corta experiencia como terapeuta de personas alcohólicas, una vez tuve la oportunidad de ver una película llamada *Chalk Talk*[3] del Padre Martin. En esta, el sacerdote cuenta historias para inspirar a la gente en su recuperación. Recuerdo una sobre una mujer que entre lágrimas acudió a él después de que su marido borracho la había llamado puta.

—¿Te sentirías mal si te hubiera llamado silla? —le preguntó él.

—Por supuesto que no —dijo ella.

—¿Por qué no? —preguntó él.

—Porque sé que no soy una silla —dijo ella.

—¿Y qué no sabes que no eres una puta? —preguntó él.

No importa lo que la gente te llame, tú decides cómo reaccionar. En mi trabajo yo simplemente trataría de recordar mi identidad.

Fue más difícil de lo que imaginé. Ay, esas llamadas herían. ¡Qué vergüenza! Hubo cristianos santurrones que me condenaron al infierno o rezaron por mí en formas que no parecían santas.

Las columnas salían tres días a la semana con mi número telefónico y mi dirección de correo electrónico al final. Algunos

---

[3] Un clásico en centros de rehabilitación de alcohólicos. El autor es el Padre Joseph C. Martin. (N. de la T.)

veían esta información como una invitación para sacar toda su furia hacia sus jefes o ex esposas o padres fallecidos. Las peores llamadas llegaban a las 2 a.m., después de que cerraban los bares.

Si los lectores no te quiebran, el ritual anual de los premios periodísticos lo hará. Cada año los editores envían tu trabajo a distintos concursos. Quisieras que no te importaran los premios, pero a todos nos importan. El negocio periodístico atrae a gente con egos retorcidos. Las salas de redacción están llenas de ególatras con complejos de inferioridad. Debemos ser maravillosos o no somos nada.

En el mar del periodismo es fácil que te sacudan las opiniones y puntos de vista de editores, colegas, fuentes, lectores, jueces de concursos, y tus propias dudas e inseguridades. Cada escritor tiene un ego frágil, enorme, pero frágil. Queremos estar en primera plana todos los días; sin embargo, nos aterra no ser buenos.

Yo descubrí el secreto de la completa libertad respecto al chisme, el juicio, la crítica, la duda, y las opiniones de otros:

Humildad.

No humillación. Eso no le sirve mucho a nadie.

Yo solía desconocer la diferencia entre estas dos palabras hasta que vi la definición de humildad que uno de los cofundadores de Alcohólicos Anónimos tenía en su escritorio. El programa de los doce pasos de AA tiene la finalidad de conducirte a la humildad y a una vida de servicio a los demás.

El Dr. Bob tenía estas palabras de un autor anónimo frente a él:

La humildad es la quietud perpetua del corazón.

Es no tener conflicto.

Es no sentir temor ni molestia, enojo ni tristeza; no pensar en lo que me han hecho, sentir que nada se ha hecho en mi contra.

Es estar en paz cuando nadie me alaba, y cuando me culpan o desprecian; es tener un hogar bendito en mi interior, a donde puedo ir y cerrar la puerta y arrodillarme ante mi Padre en secreto, y estar en paz, como en un profundo mar de tranquilidad, cuando todo a mi alrededor indica turbulencia.

Quietud perpetua del corazón. Eso es lo que realmente quiero debajo de todas esas cosas que pienso que quiero. Estar en calma cuando nadie me alaba. Esa es la verdadera libertad.

La vida no es un espectáculo, ni un concurso de popularidad, ni una conquista de poder, dinero, fama, juguetes, gloria, ropa, alabanzas, premios, títulos o grados. Al final, ¿importará todo eso? Hay una canción de música country en la que George Strait dice que al mundo llegamos sin nada, y salimos sin nada de él. Yo tampoco he visto una carroza fúnebre con un estante para el equipaje. Y los ataúdes no vienen con estuches para los trofeos.

Una forma de mantenerse concentrado en lo que verdaderamente importa es crear una declaración de tu misión personal. No la palabrería larga y aburrida que las corporaciones diseñan y a las que jamás se adhieren, sino una declaración personal sobre la cual puedas basar en verdad tu vida.

Yo pasé unas cuantas horas un día reflexionando cómo plantear la mía. Cerré mis ojos y me imaginé a todos mis seres queridos sentados en mi funeral. Mis hijos, mi esposo, mis hermanos, mis compañeros de trabajo, amigos, vecinos. ¿Qué me gustaría que significara mi vida al final?

No me gustaría verlos sentados hablando sobre los premios que obtuve por mi escritura, o que invertí sabiamente en mi 401 (k) o que fui una celebridad local. No sé qué dirán después de que me haya ido, pero aquí está lo que espero haber dejado. Encontré la declaración de mi misión: las palabras que leo cada mañana en la oración de San Francisco de Asís.

Señor, hazme instrumento de tu paz;
donde haya odio, ponga yo amor,
donde haya ofensa, ponga yo perdón,
donde haya discordia, ponga yo unión,
donde haya error, ponga yo verdad,
donde haya desesperación,
  ponga yo esperanza,
donde haya tristeza, ponga yo alegría.

Haz que busque:
consolar, no ser consolado,
compadecer, no ser compadecido,
amar, no ser amado.

Porque es olvidándose,
  como uno encuentra;
es perdonando, como uno es perdonado;
es dando, como uno recibe;
es muriendo, como uno resucita a la vida.

Cada mañana utilizo esa oración como mi brújula. Apunta al Norte Verdadero. Humildad real. Paz verdadera. Soy simplemente un hijo de Dios, tan valioso y atesorado como cualquier otro hijo de Dios. No el mejor, no el peor, y para nada importa lo que los demás piensen de mí.

No importa lo buena o lo mala que sea una situación... cambiará.

Mi amiga Mena tiene un dicho: "La vida es ruda, usa un casco".

Pues no está bromeando.

Algunos días uno siente que necesita un casco para sobrevivir las subidas y bajadas, las vueltas, los empujones, los traqueteos y los enfrenones repentinos. Y eso es sólo para la hora pico de la mañana.

El secreto es no apegarse demasiado a nada de la vida, bueno o malo. Los buenos tiempos vendrán y después se irán. Los malos tiempos vendrán y después se irán. Nuestro trabajo es no aferrarnos a lo positivo ni resistirse a lo negativo, sino permitirles a ambos que nos enseñen y nos pulan.

Hay un viejo dicho con el que la gente suele enfrentar los malos momentos: "Esto también pasará". La mayoría de la gente no quiere usarlo cuando se trata de los buenos tiempos. No queremos que pasen. Queremos que duren para siempre. Pero, tarde o temprano, todo cambia.

El secreto es montar en la vida como si fuese una balsa en un río, y dejar que te lleve a través del agua agitada y el agua quieta, y más allá. Flota como una hoja sin aferrarte a nada, confiando en el flujo del río.

La primera vez que hice un paseo por unos rápidos, un guía nos dio un sermón sobre los peligros del río. Si te caes de la balsa, no trates de pararte, no trates de aferrarte a una roca, no trates de luchar contra el río. El río ganará. Si te caes, relájate, apunta los dedos de los pies hacia donde va la corriente, inclina tu cabeza hacia el pecho y deja que el río te lleve. Siempre te llevará a aguas tranquilas. Él nos dio a cada uno de nosotros un remo y nos dijo que escucháramos sus indicaciones, conforme entráramos a cada serie de rápidos. Después nos dijo que recordáramos que la gente realmente muere en los ríos, así es que debíamos tener cuidado, y divertirnos. Ah, y no tenía cascos para nosotros.

Sus palabras sonaban reconfortantes y claras en la seguridad del pedazo de pasto donde las balsas y los salvavidas estaban apilados. Bueno, hasta que mencionó la parte en la que uno muere. Supusimos que estaba bromeando hasta que escuchamos el rugido del río allá abajo y no había vuelta atrás.

La primera vez que fui a los rápidos no tenía idea de lo que debía esperar. El río Youghiogheny se arremolina en rápidos de clases III y IV en Ohiopyle, Pensilvania, y se convierte en un paseo emocionante alrededor de rocas, salientes y corrientes de salvajes espirales. Yo me senté en el extremo de la gigante balsa negra, que se sentía como una gran llanta. No había nada a lo cual aferrarse. Los cuatro que íbamos en la balsa remamos constantemente hacia los rápidos, pero una vez en ellos, sentimos como si alguien hubiera encendido la lavadora.

El río nos elevó y nos hizo descender, nos llevó a la derecha y a la izquierda, debajo del agua y muy por encima de ella. Yo trataba de remar, pero no estaba segura de que mi remo estuviese en el río o en el aire, pues todo giraba rápidamente. La experiencia era malvada y salvajemente emocionante. Hasta que me caí. Mi primer instinto fue tratar de pararme o aferrarme a una roca. ¡Bam! ¡Pum! ¡Auch! Ah, sí, ¿qué era lo que decía el hombre sobre relajarnos? Yo hice un intento débil de apuntar mis dedos y guardar mi cabeza, pero no podía encontrar ni sentir mis dedos en ese río de helados remolinos.

Mis lentes de contacto flotaban en mis ojos, así es que no podía ver frente a mí. Mi salvavidas era demasiado grande y no dejaba de subirse hasta mis orejas. Tenía que usar mis manos para sostenerlo a la altura de los hombros. El remo fue arrastrado. Era difícil saber cuándo inhalar. No podía ver nada sino agua alrededor de mí y por encima de mí. Ya no podía sostener mi respiración más o tragar más río, así es que dije, *Dios, si quieres que viva, haz algo rápido. Soy Tuya.* En ese momento sentí que alguien me sacaba del río. Otra balsa había pasado y alguien me agarró del salvavidas. Para el momento en que llegamos a las aguas tranquilas, yo estaba lista para más aventura.

En mi último viaje por el río fui con un grupo de gente que era demasiado audaz o demasiado mezquina como para contratar un guía. Rentamos una balsa y nos lanzamos al agua.

Gran error.

Navegamos el río de manera temeraria, como si nuestro objetivo fueran las rocas y la fuerza hidráulica, casi desafiándolos para que nos lastimaran. Alquilamos salvavidas y nos dispusimos a conquistar el río por nuestra cuenta. Llevamos comida y una cuerda como herramienta de seguridad. Pero no había nadie que nos dijera cómo abordar cada rápido, nadie que nos advirtiera qué rocas evitar, así es que galopamos a través de una serie de rápidos y nos incrustamos en una roca; una roca del tamaño de un Chevy.

Estábamos atorados en esa roca, y no podíamos movernos ni un centímetro, con el agua espumosa que se arremolinaba a nuestro alrededor. Cuando echamos nuestro peso hacia un lado para tratar de desviar nuestro camino, la balsa se volteó.

El agua furiosa me adhería a la roca, y me golpeaba tan fuerte en el pecho que casi no podía respirar. De alguna manera, los otros me subieron a la roca. Para ese momento, la balsa ya se había ido.

¿Qué podía hacer ahora?

Dos guías de otro grupo llegaron en kayak. Nos dijeron que saltáramos nuevamente al agua y dejáramos que nos llevara río abajo. Pensé que estaban bromeando. No había otra opción. El kayak y las otras balsas no tenían espacio para los extraviados. Uno por uno, mis amigos dijeron sus adioses y se lanzaron al agua para desaparecer flotando. Yo era la única que quedaba. El guía en el kayak seguía insistiendo para que saltara al agua. Yo no quería desprenderme de la seguridad de la roca, pero el río no se iba a detener por mí ese día o ningún otro.

Finalmente, él prometió seguirme en su kayak, así es que dije una oración, me deslicé de la roca y floté hacia el agua tranquila. Jamás olvidaré ese día, cómo a veces debes dejar la seguridad de tu roca por algo mejor.

Una vez leí una entrevista con el pastor Rick Warren, quien escribió *Una vida con propósito*. Lo que decía me recordó ese río:

> *La vida constituye una serie de problemas. O te encuentras en uno ahora, acabas de salir de alguno o te estás preparando para el siguiente. La razón de esto es que Dios está más interesado en tu temperamento que en tu comodidad. Dios está más interesado en hacer tu vida santa que en hacer tu vida feliz.*

Él habló sobre la lección que aprendió en el año más maravilloso y más difícil de su vida. Ese año él había hecho millones con su libro, pero a su esposa le dio cáncer.

> *Solía pensar que la vida era una serie de colinas y valles; pasas por un momento oscuro, después subes a la cima de una*

montaña, *una y otra vez. Ya no creo eso. En lugar de que la vida
sea una serie de colinas y valles, pienso que es como los dos rieles
en la vía del ferrocarril, y que en todo momento tienes algo bueno
y algo malo en tu vida. Sin importar lo bien que te vaya, siempre
hay algo que necesita trabajarse. Y sin importar lo mal que te
vaya, siempre hay algo bueno por lo que puedes darle gracias a
Dios.*

Y también está la conductora de NASCAR, quien dijo:

—La vida es como una pista de carreras. Son las curvas las
que hacen que valga la pena.

Es fácil para ella decirlo, pues puede usar casco.

Sin importar la analogía, la vida es un viaje salvaje y maravilloso. Vendrá el caos, seguirá la calma, y después todo empezará nuevamente. El secreto es paladear el paseo.

Todo.

*Tu trabajo no te atenderá cuando
estés enfermo, pero tus amigos sí.
Mantente en contacto con ellos.*

Hay algo sobre cumplir 40 que hace que la gente quiera celebrar con globos negros y tarjetas que exhiben cabezas calvas, rostros arrugados, pechos colgados y vientres salidos. Los cuarenta parecen ser el punto intermedio entre el antes y el después, el comienzo del final de la vida como la conocemos.

Con eso en mente, no tengo idea de qué darle al hombre de mi vida para su cumpleaños número 40. Bruce parecía actuar como si tuviera 60, cuestionaba el valor de su vida hasta ahora, contando lo que había logrado, calificándose como padre, hombre de negocios y ciudadano.

En todo lo que yo podía pensar era en el número de amigos que había acumulado en 40 años. Eso parecía ser una mejor medida de su vida que su ingreso o su estatus en la comunidad.

La imagen de George Bailey en la película *¡Qué bello es vivir!*, venía constantemente a mi mente. A George Bailey, quien jamás se había visto a sí mismo como un éxito, se le dio la oportunidad de ver cómo habría sido el mundo sin él. La moraleja de la película es que nadie que tenga amigos es un fracaso.

Quería que Bruce reflexionara sobre los amigos que tenía, no en el kilometraje de su cuerpo o los caminos sin andar. Así es que les pedí a 40 personas que escribieran una carta sobre cómo había tocado él sus vidas. ¿Cómo los había cambiado, moldeado, conmovido?

Ellos debían enviarme las cartas para que las envolviera todas juntas como un regalo. El proyecto sonaba fácil al principio: sólo hay que hablarles a 40 personas. Sólo hay que escribir una carta. Pero como dice el viejo dicho, "Escribir es fácil, sólo siéntate y ábrete una vena".

—Esto es más como abrirse un ventrículo —dijo uno de los escritores.

Todo el mundo se angustió. Unos cuantos llamaron a otros y se preguntaron qué escribirían, como si pudieran pedir prestado algo. Era una tarea delicada, una que expondría tanto al emisor como al receptor. Algunos optaron por bromear sobre cumplir cuarenta. Otros usaron el humor para expresar su amor. La mayoría de ellos terminó diciendo lo que cuesta más trabajo decir en persona, lo que con frecuencia no se dice en persona.

Conforme se acercaba el cumpleaños, las cartas empezaron a llegar. Dos llegaron por Federal Express, media docena por fax y una por e-mail. Un hombre me dictó la suya por teléfono. Él dijo que no sabía cómo expresar sus sentimientos a través de la escritura y que me lo dejaba a mí.

Yo envolví una caja con páginas de la revista *Life* de 1954, y metí las cartas. Cuando llegó el día, salimos a cenar y a ver una película, y nos reunimos a comer un postre con un grupo de amigos. Más tarde, Bruce expresó alivio por lo bien que había salido el día. Fue entonces cuando le di la caja.

Mientras pasaba los dedos por las cartas, parecía confuso. Le expliqué de qué se trataba. Quedó asombrado. Vio las direcciones de los remitentes en los sobres, pero no abrió ninguno de inmediato. Cuando lo hizo, la emoción se derramó. Se rió tan fuerte que lloró y se sintió tan conmovido que lloró.

En total cuarenta personas realizaron cirugía a corazón abierto en Bruce. Abrieron vías a su corazón que habían estado cerradas o se habían estrechado con el tiempo. Ellos trajeron el pasado, los días del póster fosforescente con fondo negro, el cabello largo, los aventones, los conciertos de rock que no recordaban por estar tan "pasados". Le dieron las gracias por las llamadas nocturnas, los consejos de último minuto sobre cómo conseguir un trabajo, las largas pláticas sobre cómo sobrevivir al divorcio.

La madre de uno de sus amigos más cercanos escribió un poema encantador. Una mujer diseñó su propia tarjeta. Otro hombre escribió la suya en papel pautado. Bruce planea pasarles las cartas a sus hijos algún día, para que ellos sepan de lo que se trató su vida. Que fue más que el dinero que hizo, el negocio que tuvo, la mujer a la que amó. Que fue sobre las amistades que cultivó y mantuvo.

—La mayoría de la gente no se entera de lo que las demás personas sienten por ella —dijo, limpiándose las lágrimas—. Este es el tipo de cosas que dicen en tu funeral.

Es por eso que yo cuento la historia de ese regalo. Con mucha frecuencia no escuchamos lo que significamos para otros hasta que es demasiado tarde. Cuando me enteré de que tenía cáncer, me preocupé por perder días de trabajo, partidos de voleibol, los compromisos en mi calendario. La enfermera que luchaba por anotar mi primera cita para quimioterapia movió su cabeza y dijo:

—Debes saber cuáles son las prioridades.

Ella tenía razón.

El trabajo consiguió un asiento trasero. El cáncer no tomó el asiento delantero. Lo hicieron mis amigos. Ellos tomaron el asiento del conductor.

Sheryl organizó una quimio shower. Mis amigos llevaron aretes y bufandas y sombreros. Beth tomó los pequeños aretes en forma de armónica que Sheryl me había comprado y tocó "El blues de la quimio". Judy apareció y me lavó el cabello. Otros amigos me llevaron montones de películas para ver, me compraron pantuflas y piyamas. Una cantidad innumerable de otras amistades me envió cartas, comida y libros llenos de inspiración.

¿Mi trabajo? El periódico de alguna manera se imprimió en los días que estaba demasiado enferma como para escribir. El mundo siguió girando sin mí. ¿Mis amigos? Ellos hicieron que mi mundo siguiera girando.

Mi amigo Marty siempre dice que si tienes amigos y salud, tienes todo lo que necesitas. El cáncer me enseñó que si mantienes a tus amigos en los primeros lugares de tu lista de prioridades, tienes lo que más importa, aunque pierdas tu salud.

Cree en los milagros.

El doctor trató de darles las noticias de la manera más suave posible.

—Es como los pequeños que, al desear un poni, rezan y no pierden la esperanza, pero no lo obtienen. Bueno, este es el mismo tipo de situación. Algunas veces simplemente no obtienes el poni.

El doctor estaba tratando de decirles a los padres de Chris Wood que la situación no tenía esperanza, incluso más allá de sus oraciones.

Aquel junio de 1989, Chris tenía 21 y trabajaba para la Marina en San Diego. Después de una tarde de bebidas en un partido de Los Padres, se cayó de una pick-up de camino a casa en el momento en que el conductor cambió de carril.

Cuando Chris aterrizó en la autopista de cuatro carriles, un auto lo atropelló, rebotó hacia otro carril para volver a ser atropellado por otro auto. Afortunadamente, el siguiente vehículo que venía era una ambulancia. Chris tenía rotos la pelvis, la mandíbula, el codo y la rodilla. Tenía heridas masivas en la cabeza y marcas de llanta en la espalda.

Durante los siguientes tres meses todas las noticias que daban los doctores eran malas: *No vivirá. Será un vegetal. Jamás caminará. Jamás tendrá una vida significativa.*

Su familia en Akron empezó a formar cadenas de oraciones. Una noche, su hermana se despertó repentinamente y dijo que fue Dios quien le susurró estas palabras:

—Vivirá y no morirá y proclamará la misericordia de Dios.

A partir de ese momento, ese fue el mantra de la familia.

Para Chris fueron necesarias 32 cirugías, un coma de tres meses y años de tratamiento en el Hospital de Veteranos en Cleveland, a donde sigue yendo para rehabilitarse. A los 29, Chris tenía los mismos ojos brillantes y azules y el cabello de color arena de antes, pero todo lo demás había cambiado.

Él arrastra las palabras, como si hubiera estado bebiendo. El tubo para respirar dañó sus cuerdas vocales. Las heridas en la cabeza alentaron sus procesos mentales. Su rostro se torció, pues la mandíbula no sanó correctamente. Una cicatriz morada, como un zíper, corre por su brazo izquierdo, el cual cuelga a su lado. Debe concentrarse para poder abrir su mano.

Chris es una ferretería ambulante. Hay un tornillo en su codo, un aparato ortopédico en la pierna, una bisagra en la rodilla y una placa en la cabeza. Su cerebro ya no funciona de la misma manera. Sobresalía en matemáticas, pero ahora lucha con lo básico. Cuando se inscribió en la Universidad Estatal de Kent seis años atrás, obtuvo calificaciones deficientes incluso en las materias más sencillas. Uno de sus terapeutas de rehabilitación lo exhortó a que abandonara la escuela.

Él lo pensó un poco.

—Mi mente diría, "Estás desperdiciando el tiempo" —me dijo. Pero en vez de escuchar, recurría a su pasaje favorito de las Escrituras, Proverbios 23:7: "Porque cual es su pensamiento en su corazón, tal es él".

"Eso significa que te convertirás en lo que creas. Si crees que eres de segunda y un fracaso, o el número uno y el primero en la fila, eso es lo que serás —dijo.

Por sus éxitos, él le da crédito a su madre. Linda lo preparó utilizando la Biblia como su libro de jugadas. Chris ahora tiene tres trabajos: hace prácticas en el Hospital Edwin Shaw con pacientes que han sufrido heridas en la cabeza; hace diseños por computadora para la iglesia Living Water Fellowhip en Akron; y es acomodador para el equipo de beisbol Akron Aeros.

Le tomó tres intentos aprobar el examen de manejo, pero finalmente obtuvo su licencia. Después de seis años de terapia física, dejó la silla de ruedas y ahora puede moverse con una andadera.

Todavía lucha para encontrar las palabras adecuadas cuando habla. Hace una pausa, entrecierra los ojos, tratando de forzar su cerebro a que recuerde cómo trabajar, y... funciona bastante bien. El día de la graduación, Chris Wood dio el discurso sin decir una palabra. Caminó por el estrado de la Universidad Estatal de Kent, y recogió su título de licenciado en psicología frente a una multitud que lo ovacionó.

Él no era el más listo.

Él no era el más talentoso.

Pero él estaba ahí.

Su mamá no vivió para ser testigo de ello. Ella había muerto el año anterior de un ataque al corazón. Pero vivió lo suficiente para saber que aquel doctor que les había dicho que perdieran toda esperanza estaba equivocado.

Ese doctor recibió una postal del papá de Chris, simplemente decía: "Conseguimos el poni".

Dios te ama por lo que Él es, no por algo que hayas hecho o dejado de hacer.

Para marcar el nuevo milenio, el Papa reintrodujo las indulgencias, un tipo de amnistía para pecadores que era popular en la Edad Media. Básicamente, las indulgencias son una forma de ganar puntos ante Dios antes del Día del Juicio Final.

Podemos llamar a esto un atajo hacia la salvación, una forma de recortar el tiempo de tu sentencia en el purgatorio, el sitio a donde se les enseña a los católicos que van las almas a purificarse antes de llegar al Cielo. Las indulgencias, que alguna vez la gente pagó en efectivo, fueron prohibidas hace mucho por la Iglesia Católica. En aquel entonces, los pecadores compraban su pase al Cielo, un tipo de liquidación antes de la liquidación.

Las nuevas indulgencias no llevarían precio, sólo un acto genuino de sacrificio y penitencia. Los actos de penitencia y sacrificio son nobles cuando se ofrecen solamente por amor a Dios y a los demás, pero parece que hay algo egoísta al llevarlos a cabo, pues tienen la finalidad de reducir el tiempo en la cárcel, por decir algo. Además, ¿realmente te puedes ganar tu camino al cielo?

Casi todos los sacerdotes conocen el sermón sobre el hombre que muere y se encuentra con San Pedro en las puertas del cielo. San Pedro le dice que antes de ser admitido, necesita autorización.

—¿Qué se necesita? —pregunta el hombre.

—Necesitas, al menos, quinientos puntos para entrar —Pedro le dice.

—Bueno —dice el hombre—, fui buen esposo, padre, y empleado dedicado. Jamás engañé a mi esposa ni a mi jefe. Siempre pagué mis impuestos.

—Mmm —calcula Pedro—. Eso te da cien puntos.

—¡Cien puntos! ¿Eso es todo? —exclama el hombre—. Vamos a ver. Le di dinero a organizaciones de caridad, fui voluntario una vez a la semana en un comedor de beneficencia, hice sonar la campana del Ejército de Salvación cada invierno y pasé una semana durante cada verano construyendo casas para los pobres en Centroamérica.

—Está bien —dice Pedro, tecleando en la calculadora—. Conseguiste unos trescientos cincuenta.

Al hombre le entra el pánico. Ya no puede pensar en otra gran hazaña o sacrificio que haya hecho para compensar lo restante. Jamás entrará al cielo.

—Eso es todo —dice tristemente—. Me entrego a la misericordia de Dios.

—¡Estás adentro! —dice Pedro, y abre la puerta—. Bienvenido a casa.

La historia es reconfortante. En vez de girar en torno a la justicia de Dios o nuestro sacrificio, se concentra en la misericordia divina.

Un místico persa llamado Rabi'a escribió lo que significaba verdaderamente amar a Dios:

"Dios mío, si te venero por temor al infierno, quémame en él. Si te venero por la esperanza del Paraíso, prohíbeme entrar en él. Pero si te venero por Ti y sólo por Ti, concédeme entonces la belleza de tu rostro".

Hace años me obligué a ir a la Abadía de Genesee, en Nueva York, para ver si podía desatorarme. Tenía una buena relación con Dios, pero sentía como si todavía hubiera un gran obstáculo con el cual seguía tropezando. Sin importar lo que hiciera, nunca parecía ser bastante. Yo jamás me sentí suficientemente buena.

En lo profundo, me consideraba indigna del amor de Dios. ¿Qué se necesitaba para creer real y verdaderamente, en lo más profundo de mi ser, que Dios me amaba tal y cual era yo?

Me apunté para confesarme y me encontré con el Padre Francis. Él usaba la túnica blanca y la capucha negra de un monje trapense, y parecía ciertamente humilde y santo. En vez de darle la lista de pecados a lavar, en vez de recitar la larga enumeración —estilo lista del súper— sobre cuántas veces había mentido o hablado mal de alguien o envidiado a alguna persona, fui hasta lo profundo. Debajo de cada defecto de carácter en mí —mi envidia, mis resentimientos, mi miedo— está esto:

—No soy suficiente —le dije.

El monje se sentó y sonrió. Todo su cuerpo osciló asintiendo, como si verdaderamente entendiera y hubiera estado esperando por este momento brillante para compartir su verdad más profunda y sagrada. Yo recargué la espalda en el asiento y esperé por la aparición de una revelación profunda. En su lugar, él empezó a contarme la historia del Hijo Pródigo. "Había un hombre que tenía dos hijos...".

Mi corazón se hundió. Yo ya me sabía esa historia. El monje estaba todo emocionado, como si acabara de escuchar la historia. La narró detalle por detalle, en cámara lenta. Estaba muy intrigado de que uno de los hijos hubiese tomado anticipadamente su herencia y la hubiese derrochado en vino, mujeres y parranda, y después hubiera decidido volver arrastrándose a su padre con la esperanza de ser tratado como un sirviente.

El hijo regresó, pero antes de que tuviera la oportunidad de disculparse, el padre se sintió tan feliz de verlo que corrió a saludarlo y lo abrazó y lo besó. El hijo protestó, dijo que ya no era digno de ser llamado su hijo, pero el papá le dio las mejores ropas, un anillo, zapatos y anunció a todo el mundo que celebraría con una gran fiesta de bienvenida.

Sí, sí, sí. He escuchado toda la historia antes. El monje amaba la parte que yo odiaba sobre el hijo fiel que jamás se alejó. Ese hijo estaba en el campo trabajando cuando escuchó la música y el baile. Él se enojó, puesto que había sido fiel todo el tiempo y jamás había desobedecido, pero era a su hermano al que le hacían una fiesta. En ese momento me di cuenta de que había elegido al monje equivocado. Yo no iba a obtener un koan[4] zen que cambiara mi vida ni un mantra budista que realineara mi corazón, ni una cita de Thomas Merton a la que pudiera aferrar mi vida para siempre.

No. Todo lo que obtuve fue una repetición. Cuando llegamos al final de la historia, el monje sonrió ante el remate del gracioso final. El padre le dijo al hijo fiel que él recibiría lo justo, pero que todos debían regocijarse porque el hijo perdido había sido encontrado.

El rostro del monje se iluminó. El mío se oscureció. Él estaba aliándose con el hijo equivocado. ¿Qué tenía que ver esto conmigo? El monje repitió el final. El hijo no tuvo que disculparse. No tuvo que enmendar nada. Todo lo que tuvo que hacer fue recurrir a su padre. Recurrir a su padre. Eso es todo. Eso es todo lo que se necesitó para regresar. Eso es todo lo que cualquiera de nosotros necesita hacer.

—Dios nos ama por lo que Él es —dijo el monje—, no por lo que somos nosotros.

---

[4] Especie de acertijo que el maestro plantea al novicio para comprobar su progreso. (N. de la T.)

Al principio eso dolió como una bofetada en el rostro. ¿Me acababa de insultar?

Después sentí un golpe en el corazón. Como si una flecha lo hubiera perforado, una flecha lanzada directamente del arco de Dios.

Dios no quería mi ofrenda perfecta. A Dios no le interesaba si yo me convertía en la mejor escritora del mundo o el sirviente más humilde o la mayor de las voluntarias desde la Madre Teresa. A Dios no le importaba si echaba a perder las cosas de manera garrafal o dejaba un desorden en mi despertar, siempre y cuando regresara.

Dios me ama porque la naturaleza de Dios es amar.

Yo no puedo ganarme ese amor. Yo no puedo perder ese amor.

Yo era suficiente no porque fuera suficiente, sino porque Dios lo es.

Regreso a casa libre.

Tú también debes hacerlo.

Lo que no mata, fortalece.

El cáncer y yo nos conocimos cuando desperté de una biopsia quirúrgica a una nueva vida, el 19 de febrero de 1998. Todo lo anterior a eso cayó en el otro lado de la línea temporal de la vida: a.c., antes del cáncer.

Yo no dejaría que el cáncer me matara. No si podía evitarlo. El primer año se me borra en la memoria. Para el momento en que me recuperé de la cirugía, era tiempo de cuatro rondas de quimioterapia. Para el momento en que mi cabello empezaba a crecer nuevamente, era tiempo para seis semanas de radiación. Para el momento en que recuperé mi energía, estaba en el segundo año. Ahí fue cuando me pegó. Maldición, tenía cáncer.

Las pruebas y las tribulaciones como el cáncer y el divorcio o la pérdida de salud, tus ingresos o los seres queridos pueden matarte o hacerte más fuerte. El cáncer me hizo más fuerte tras tirarme una y otra vez. Durante aquellos meses de tratamiento, me enfrenté a momentos terribles de desesperanza en los que quise rendirme.

Al final, el cáncer me hizo más fuerte. ¿Sinusitis? ¿Resfriado? ¿Tirón muscular? Ningún problema. Mi actitud ahora: ¿dolor? Qué importa. ¿Miedo? Y qué. Solía sentirme asustada cuando escribía mi columna. A lo que otros conocen como bloqueo de escritor, yo lo llamo terror de la página. Todos los miedos e inseguridades me golpeaban. Ahora, no más rodeos, ya no más andar de puntillas. Hablo sin remordimientos, sin miedos, sin reservas. Si no lo digo ahora, ¿cuándo lo haré?

Mi hija constantemente me recuerda por qué es importante hablar sobre la supervivencia. Es una obligación que compartimos los diez millones de supervivientes del cáncer en Estados Unidos. Cada día, alguien nuevo recibe el veredicto. Lo primero que haces es llorar. Después, te haces preguntas para las cuales quizá no quieras escuchar las respuestas: ¿es curable? ¿Es tratable? ¿Se ha diseminado?

Lo que realmente quieres saber es esto: ¿cuánto viviré?

Nadie lo sabe.

Yo me entregué por completo. Cirugía. Quimioterapia. Radiación. Y más cirugía. Hice que me quitaran los dos pechos después de saber que llevaba la mutación genética BRCA1, que incrementaba mis probabilidades de tener cáncer de mama hasta en un 87 por ciento en mi vida.

¿Cómo es no tener pechos?

Audrey Hepburn es mi inspiración. Ahora tengo una nueva admiración por las gimnastas y las bailarinas. Puedo dormir boca abajo sin bultos o protuberancias entre mi cuerpo y las sábanas. Puedo no usar sostén ni pechos. Puedo ser copa B, C o D o ninguna en el mismo día. Puedo hacer ejercicio, correr o saltar la cuerda sin que un sujetador deportivo me estrangule. Jamás se me colgarán ni temeré los efectos de la gravedad.

Si hubiera sabido lo fácil que era vivir sin pechos, la decisión de hacerme una mastectomía doble no habría sido tan difícil. En retrospectiva, fue la decisión más difícil que había hecho en la vida. Una vez que tomas la decisión, no hay vuelta atrás, no hay "qué tal si", no hay negociación ni regateo, no hay demoras ni negación. Tú eres la única que puedes tomar la decisión y la única que tiene que vivir con ella por el resto de tu vida. Es permanente y atemorizante y drástica.

Y entonces, un día deja de serlo. Simplemente eres quien eres ahora.

Durante el primer año me sentí en carne viva. Física y emocionalmente. Parte de mí se había ido.

Vivimos en una cultura obsesionada con los pechos. Parece como si toda mujer famosa tuviera implantes. No puedes escaparte del escote, incluso en la caja del supermercado. Es un festín virtual de senos en las portadas de *Cosmopolitan*, *People* y *Us*. Durante el primer año, yo no podía entrar a un Victoria´s Secret. No podía aguantar ser bombardeada por senos y bella ropa interior que ya no podría usar.

Justo después de la cirugía y mientras mi pecho sanaba, no podía usar prótesis. Se sentía tan extraño tener el pecho plano. Mi colchoncito, mi almohadita, mi escudo se había ido. Me sentí expuesta y vulnerable. Extrañaba mis pechos. De vez en cuando, en un baño de burbujas, reunía la espuma y la apilaba en mi pecho, para tratar de recordar cómo eran y cómo se sentían. Con el tiempo, he llegado a olvidar cómo se sentían. Los he olvidado, en el buen sentido. Yo ya no comparo la antigua yo con la nueva yo. Soy sólo yo.

De vez en cuando mis pechos quieren que los recuerde. Sensaciones fantasma van y vienen. Algunas veces, de la nada, siento como si mi pecho hubiera regresado, puedo sentir su peso. Meto la mano debajo de mi sostén sólo para verificar. No. Todavía desaparecido.

La mayoría de los días uso pechos artificiales. En lugar de implantes, tengo inserciones. Es extraño que un doctor te haga una receta para pechos cada dos años. Cuestan 300 dólares cada uno, pero el seguro cubre la mayor parte. Están llenos de silicona. Se contonean y menean como pechos reales y los puedo insertar en la bolsa de un brasier de mastectomía.

Las mujeres con las que hablé antes de la cirugía que usaban pechos falsos me dijeron que hiciera de las prótesis parte de mí. Eso fue difícil al principio. Se sentían calientes y pesados y artificiales. Pero un día, al bajar las escaleras, los sentí rebotando como pechos reales. Como mis pechos anteriores. Ese día nos hicimos amigos. Llamé a mis bubis artificiales Thelma y Louise.

Se sienten suaves y naturales cuando abrazo a la gente. Están perpetuamente llenas de vida y no se aplastan cuando me acuesto. Pero sigo sintiéndome nerviosa cerca de los gatos y los prendedores y los corsés. Odiaría que se abrieran y hubiera una fuga.

Las prótesis me hacen ver curvilínea —ante mí y ante Bruce—, y la ropa me queda mejor. Cuando no las uso me veo tan plana que la gente me pregunta si he perdido peso.

Antes de la cirugía leí que muchas mujeres eligen la reconstrucción del pecho porque no quieren un recordatorio constante de haber tenido cáncer. Bien por ellas, pero yo no siento que mi pecho plano o mis pechos artificiales sean recordatorios del cáncer, ni una pérdida.

Ser mujer tiene que ver poco con un par de glándulas mamarias. Lo que me hace mujer es el tamaño de mi corazón y la forma de mi alma. Tú no necesitas pecho para ser una mujer, una madre, una esposa, una hermana, una hija, una sobrina, una tía, una abuela, una madrina, una escritora, una amiga, una amante. Pero necesitas estar viva para ser todas ellas.

No, no soy menos mujer. En tantos sentidos, soy más mujer ahora. Llegué a la esencia de quien soy, más allá de la corteza; llegué hasta el centro. Estoy más cerca del corazón, literalmente. Mi corazón ya no se esconde detrás de un colchón de un pecho. Está más cerca del mundo, y estoy más cerca de lo que me hace ser yo.

Depende de mí decidir quién soy, cómo me veo, lo que significa ser sexy o femenina, o bella o poderosa, o exitosa o feliz, aparte de todo lo que los demás digan.

Este pecho es mi lienzo en blanco, mi página en blanco. Puedo escribir lo que quiera en él.

Ya no lloro en la regadera, ya no me encojo cuando Bruce toca mi pecho desnudo, ya no me importa cómo me veo. Entregué mis pechos para estar aquí. Cuando veo mi pecho en blanco, veo vida. Ese pecho plano me recuerda cada día que elegí la vida, y debo seguir viviéndola.

No me siento menos mujer. Me siento como la Mujer Maravilla.

Nuestro trabajo como sobrevivientes —de la enfermedad, del divorcio, del dolor, de la desesperanza— es testificar, cargar la antorcha de la esperanza para todos los que viajan a través del valle de la muerte y regresan. Depende de nosotros, los que llegamos a ver más allá de ese valle, compartirlo. La vida desde el punto de vista de un sobreviviente es muy buena.

¿Estoy en remisión? No lo sé, pero desperté y no volveré a dormirme. Si tuviera que hacerlo otra vez, lo haría. Haría lo que tuviera que hacer para obtener más vida de este cuerpo. Vale la pena luchar por ella.

¿Estoy curada? Todos estos años de vida dicen que sí, pero yo lo veo de esta manera: tengo un indulto diario. Y no pienso perder ni un minuto de él.

Morir joven sólo es romántico
en las películas.

Siempre que llamo a mi amigo Ed para saludarlo y preguntarle cómo está, me contesta de la misma manera: "Estoy viejo".

Jamás es una queja, sólo un hecho. Entre más viejo se hace, más presume.

No le molesta estar del otro lado de los cincuenta. Su papá murió del corazón cuando era joven, así es que Ed tiene el mismo enfoque que yo sobre envejecer: adelante. Él venció la enfermedad del corazón; yo, el cáncer. No estamos atrapados en el proceso de envejecer. PODEMOS hacerlo.

Adoro esa imagen clásica de mujeres mayores que se divierten en una alberca. Todas usan sombreros brillantes y sonríen bobas debajo de un encabezado que dice: "Sólo eres viejo una vez".

Cuando cumples 50, Hallmark viste tu cumpleaños de negro y te declara para el arrastre en tarjetas, banderas, camisas, globos y calcomanías. Cumple 50 y oficialmente eres una antigüedad. Yo no. Cuando cumplí 50 celebré en grande. Al haber tenido cáncer a los 41, jamás imaginé alcanzar ese encantador hito que son los 50.

En honor de esa edad tan mágica, aquí hay 50 cosas que puedes hacer cuando cumples 50:

1. Duerme todo el día.
2. Gasta 50 dólares en lo que quieras.
3. Lee en voz alta el libro *¡Feliz cumpleaños a ti!* del Dr. Seuss, y descubre lo que hacen en Katroo, donde definitivamente saben cómo celebrar los cumpleaños.
4. Haz una lista de 50 lugares a los que jamás has ido, y visítalos antes de cumplir 60. No países lejanos y exóticos, sino museos, iglesias, carreteras, lagos y parques cercanos que jamás hayas visitado.
5. Empieza a escribir el libro que siempre quisiste ver publicado; comienza con las primeras 50 líneas.
6. Planta un árbol para honrar tu juventud.
7. Visita un cementerio y agradece que todavía estás en el lado correcto del pasto.
8. Inscríbete en una clase sólo por diversión.
9. Maneja 80 kilómetros por carreteras aledañas que sean desconocidas para ti. No lleves un mapa y no consultes tu GPS. Deja que el camino te lleve.
10. Sopla 50 burbujas desde la ventana de tu habitación.
11. Si alguien te pregunta qué quieres para tu cumpleaños número cincuenta, nombra 50 cosas que siempre hayas querido.
12. Elige una nueva actividad como voluntario y dona 50 horas este año.
13. Lanza 50 centavos para darles suerte a 50 personas.
14. ¿Crees que estás para el arrastre? Encuentra una colina de buen tamaño, arrástrate, rueda por ella y grita: "¡La juventud se desperdicia en los jóvenes! ¡La juventud se desperdicia en los jóvenes!"
15. Lleva un alfiler a la celebración de tu cumpleaños y revienta todos los globos negros.

16. Celebra las arrugas. Compra una caja de pasitas y sabo-rea cada una de ellas.

17. Haz un paseo de 50 minutos por el bosque.

18. Planea unas vacaciones imaginarias de 50 días. No dejes que tu cartera limite tus fantasías.

19. Haz una lista de 50 personas que hayan marcado tu vida.

20. Llama a todos los que amas y háblales de tu amor.

21. Haz una carta de consejos que hipotéticamente le escri-birías, desde los 80 años, a la persona que eres ahora, a los 50.

22. Camina durante 50 minutos en privado, en tu vestido de cumpleaños de cuando eras joven, maravillándote por cómo te queda todavía después de todos estos años.

23. Envía 50 agradecimientos (por correo electrónico o tra-dicional) a todos aquellos a quienes amas.

24. Haz el compromiso de meditar 50 minutos al día, 25 minutos por la mañana y 25 por la noche.

25. Escribe 50 deseos para el futuro, pequeños y grandes, salvajes y moderados. Ponlos en un frasco y no los leas hasta tu siguiente cumpleaños.

26. Reflexiona sobre todas las personas que hayas perdido en 50 años y en los regalos que te dieron.

27. Reflexiona sobre toda la gente que sigue en tu vida des-pués de 50 años y el regalo que todavía son.

28. Reflexiona sobre toda la gente que te gustaría conocer en los próximos 50 años.

29. Come 50 lunetas.

30. Nombra algo que sea importante en tu vida, que te haga sentir joven y abrázalo con determinación.

31. Nombra lo que más te haga sentir viejo en tu vida y cám-bialo.

32. Pasa 50 minutos agradeciéndole a Dios por los primeros 50 años de tu vida.

33. Renta o compra la película *¡Qué bello es vivir!*

34. Dona 50 dólares a tu caridad favorita.

35. Abraza tiernamente a un bebé el día de hoy.

36. Sostén la mano de una persona vieja.

37. Pon 50 minutos de tu música favorita; ópera, jazz, country.

38. Deja una propina del 50 por ciento a una mesera que te haya servido el desayuno, el almuerzo o la cena.

39. Canta tu canción favorita de la niñez en la regadera.

40. Lee 50 páginas de tu clásico favorito.

41. Haz una lista de 50 palabras que describan lo que absolutamente amas de la vida.

42. Toca el claxon cincuenta veces el día de hoy para hacerle saber al mundo que es tu cumpleaños.

43. Quédate quieto y observa las nubes durante 50 segundos.

44. Haz una lista de 50 ciudades de tu país, tacha las que ya has visto y ponles un asterisco a las que no.

45. Dile buenos días al sol y buenas noches a la luna.

46. En 50 palabras o menos escribe lo que planeas darle al mundo en los 50 años que te quedan.

47. Observa el cielo hasta que puedas contar 50 estrellas, después mándales un beso de buenas noches.

48. Apaga las luces, prende el aparato de música y escucha a Louis Armstrong cantar "What a Wonderful World" (Qué mundo maravilloso).

49. Apaga 50 velas y pide un deseo para quien más lo necesite.

50. En lugar de contar ovejas, duérmete contando todas las cosas por las que tienes que estar agradecido, empezando por tus cumpleaños.

Tus hijos sólo tienen una niñez. Hazla memorable.

Cuando eres madre soltera cada cita se convierte en una entrevista de trabajo para el puesto de padre y proveedor. Yo gastaba demasiado tiempo y energía abriéndome para hacer que cada hombre con el que salía quisiera el paquete que constituíamos nosotras. Pero no funcionaba. Estaba en medio de una difícil empresa: encontrar al Sr. Adecuado.

Si tan sólo... pudiera encontrar al padre adecuado para mi hija. Si tan sólo... pudiera encontrar al esposo adecuado para mí. Si tan sólo... él se apareciera, entonces seríamos verdaderamente felices. Entre tanto, yo estaba descuidando las necesidades y deseos de mi hija. Al tratar con tanto ahínco de encontrarle un papá, estaba olvidando ser una mamá. Esta situación se hizo evidente cuando la llevé a una enorme fiesta y la perdí de vista mientras yo coqueteaba con un hombre más. La banda anunció desde el escenario que habían encontrado a una niña extraviada. ¿La realidad? Yo era una madre extraviada.

Trabajaba en un centro de tratamiento para alcohólicos cuando tenía 26, y Gabrielle 4. Ahí conocí a una mujer que trabajaba con adolescentes conflictivos. Ella me dijo que el más grande mensaje que le gustaría darle a cada madre soltera sería dejar de preocuparse por la carrera y las finanzas, y las parejas y los futuros, y concentrarse en sus hijos en el ahora.

—Los hijos sólo tienen una niñez —dijo ella.

Si ella tuviera una segunda oportunidad de revivir la historia, haría a un lado todo el asunto de las citas y simplemente se entregaría a ser mamá al cien por ciento. En aquel entonces odié esas palabras. Habían apretado el botón de culpa que tenía la etiqueta de madre soltera. Si yo pudiera encontrarle un papá a mi hija, entonces estaríamos completos. Seríamos una familia. Pasé mucho tiempo saliendo con hombres, mucho tiempo agonizando por cada Sr. Equivocado que llegaba a nuestras vidas y se alejaba de ellas. Le presenté a mi hija demasiados hombres a quienes invité a pasar la noche, y la arrastré a través de la telenovela en que se convirtió nuestra vida.

No recuerdo el nombre, el rostro o la profesión de esa mujer, sólo sus palabras. Me quemaron como hierro candente, y dejaron una marca perenne en mi vida. Ella sacudió mi mundo cuando me dijo que los padres deberían de colocar en primer lugar a sus hijos.

—Tienes toda tu vida para salir con hombres, descubrir una carrera, encontrar al hombre de tus sueños. Tus hijos sólo tienen una niñez. Asegúrate de acompañarlos en ella —dijo.

Yo cargaba un gran peso de culpa por ser madre soltera. En realidad no tenía dinero para llevar a mi hija de vacaciones a Disneylandia, o a ningún otro lugar. Pero con el tiempo me di cuenta de que mi hija no necesitaba vacaciones para ser feliz, aunque me hubiera gustado darle algunas. Ella necesitaba a un adulto que fuera padre de tiempo completo, las 24 horas de los siete días de la semana.

Aprendí a estar presente y a hacer de cada día uno alegre y significativo, en vez de construir algún sueño futuro de felicidad, ignorando las necesidades del día en que estábamos.

Cuando echo una mirada hacia mi propia niñez, a través de los momentos difíciles y los más significativos y memorables, son los pequeños detalles los que todavía cargo en mi corazón.

Ese Halloween cuando mi papá tomó una sábana, salió a hurtadillas de la casa, caminó por la banqueta hasta nuestra entrada y tocó la puerta. Con una altura de 1.85 metros, era el chico más alto que hubiésemos visto. Tan pronto como le dimos los dulces, se sacó de un tirón su disfraz de fantasma; cada vez que contaba la historia no podía dejar de reír.

Los momentos en los que mamá se paraba en el fregadero de la cocina tarareando o poniendo los discos de Perry Como, los Mills Brothers o Mitch Miller y nos invitaba a que también cantáramos. O cuando nos tomaba a alguno de nosotros para bailar la polca con ella en la sala.

Luego estaba el saludo de la abuela, ella vivía en una granja. Usaba medias elásticas, un delantal sobre su vestido y escondía su chongo gris debajo de una pañoleta. Limpiaba casas de otras personas como forma de vida. La abuela tenía un cajón lleno de paletas para cuando íbamos de visita. Su inglés era bastante precario y estaba salpicado de ruso, eslovaco y quizá una pizca de alemán. Ni siquiera podía pronunciar mi nombre. Me llamaba Virginia. Cuando la visitábamos, cada uno de nosotros obtenía su pequeña botella de vidrio de *Coca* y una bolsa llena de las papitas grasosas y saladas. Nos encantaba. Ella nos introdujo al concepto de abundancia. La abuela no tenía mucho, pero convertía eso poco en un festín. Y cada vez que nos despedíamos, se quedaba parada en su entrada, una entrada llena de gladiolas que ella con cuidado plantaba y replantaba año tras año. Ella decía adiós con la mano, y adiós y adiós hasta que nos perdía de vista.

Jamás olvidaré ese adiós con la mano.

Ahora mi hija ha crecido y los momentos atesorados que recordamos son sólo eso, momentos. Antes de que se casara, le hice un álbum y lo llené con los mejores recuerdos.

El día en que hicimos navegar patos de plástico bajo la lluvia, durante un aguacero. Los perseguimos junto al borde de la banqueta bajo el agua, y corrimos hasta la alcantarilla desbordada. Nos empapamos y nos reímos a más no poder.

El día que tomamos una charola de la cafetería y fuimos a andar en "trineo" al final del camino, en la montaña de nieve que la máquina quitanieve había dejado atrás. Cuando era estudiante en la universidad robé la charola de plástico color naranja. En ella le dimos forma a las calabazas de Halloween; en ella servimos comida. Esa charola nos trajo más alegría que cualquier otro regalo.

Los domingos leíamos las historietas en voz alta, con distintas voces, y hacíamos de las tiras cómicas algo más dramático que *Macbeth*.

Recuerdo las noches en que inventaba historias antes de irme a la cama, que no siempre eran lógicas, pues me quedaba dormida a la mitad de Pedrito el Gusanito.

La casa de los sueños de la Barbie que hice de cajas y chucherías y papel adhesivo que quedó mejor que cualquier casa que hubiera hecho Mattel. Pegué pequeños corchos en las esquinas de una charolita para lápices, e hice una tina. Corté un trapo para hacer toallas y alfombras. Convertí una caja metálica de curitas en una cesta de ropa, una caja de puros en una cama con columnas, cajas viejas de cheques en un refrigerador y una estufa. Barbie la usó hasta que se deshizo.

También recuerdo la patineta a la que Gabrielle le tenía tanto miedo y prefería usarla sentada por la casa, navegando a través de los pisos de madera del departamento que rentábamos.

Las búsquedas del tesoro con video que organizaba con sus amigas de la preparatoria. La vez que la llevé a ella y a sus amigas a media noche a pintar la enorme roca frente al campus.

Los poemas de Shel Silverstein que leíamos en voz alta y memorizábamos, sobre el oso polar en el refrigerador y la niña que no conseguía el poni, y la razón por la que siempre, siempre, siempre, siempre, siempre, siempre, siempre, siempre, SIEMPRE debes espolvorear pimienta en tu cabello.

Aquellos Halloween en los que convertíamos nuestro jardín en un cementerio lleno de tumbas de cartón blanqueado. En las tumbas poníamos nombres divertidos como Al K. Huete, Cindy Nero, Elsa Pato, Inés Esario.

Los sábados en que nos atragantábamos de comida chatarra de la tienda Lawson y nos íbamos de paseo al azar, sin un mapa de carreteras.

El despilfarro de dinero en conciertos de los cuales ahora nos reímos: Milli Vanilli, MC Hammer, Debbie Gibson, New Kids on the Block y Vanilla Ice ("Ice Ice Baby").

Ahora nos reímos sobre lo poco que teníamos, y de cómo terminamos teniéndolo todo. Solamente que no todo a la vez.

El marido llegó. La carrera llegó. Todo lo que quise llegó, una vez que establecí las prioridades.

La verdad es que puedes tenerlo todo, pero quizá no todo a la vez.

Lee los Salmos. No importa cuál sea tu religión, abarcan toda emoción humana.

Si pudiéramos hacer una autopsia del alma, encontraríamos 150 partes, cada una reflejada en uno de los Salmos.

"Todos los problemas, tristezas, miedos, dudas, esperanzas, dolor, confusión y tormentas por los que atraviesan los corazones de los hombres, han sido descritos minuciosamente aquí", escribió John Calvin. Él llamó a los Salmos la anatomía del alma.

Incluso cuando los Salmos se cantan en latín, tranquilizan mi espíritu. Incluso cuando no conozco las palabras, mi alma las reconoce.

Durante años el único salmo que sabía de memoria era el único que todo el mundo sabe de memoria, el Salmo 23: "El Señor es mi pastor, nada me faltará". Lo mandé imprimir en tarjetas conmemorativas para la funeraria donde trabajaba.

Es fácil de recordar y siempre consuela. Es fácil imaginar a las ovejas en la colina, perdidas y asustadas. La historia siempre tiene un final feliz, el Buen Pastor las busca y las encuentra y las lleva a casa. ¿Quién puede sentirse identificado con el extravío en el valle de la sombra de muerte? Fue toda una sorpresa descubrir que sí existe tal valle. Cuando estaba en mi luna de miel en Jerusalén hace años, nos detuvimos bajo el sol ardiente en un punto desde donde podía verse una enorme extensión de tierra debajo de nosotros.

—¿Qué valle es ése? —le preguntó mi esposo al guía.

—Sí, caminaré por el valle de la sombra de muerte —nuestro guía empezó a cantar.

Necesito más que el Salmo 23 para transitar por la vida. Todo el Libro de los Salmos cuenta la historia del viaje que cada humano camina en la vida. Los 150 salmos hablan de asombro, alegría y celebración, pero también de la noche oscura de la desesperanza, la desolación y el abandono. Lugares en los que nos encontramos con mucha frecuencia.

El Libro de los Salmos atiende cada faceta del viaje espiritual, las subidas y bajadas, las alturas a las que asciende el alma, las profundidades a las que cae. Los Salmos ofrecen alabanzas y maldiciones, consolación y desolación, alarde de fortaleza y gritos de debilidad. En general, me hacen sentir menos sola.

En mis peores noches de desesperación, cuando ni siquiera puedo recordar una sola línea de ninguno de ellos, abrazo fuertemente el libro contra mi pecho, como un niño lo haría con su osito de peluche. Sólo entonces puedo dormir. Compré mi Libro de Salmos en la Abadía Genesee, donde los monjes trapenses terminan cada oración alabando "al Dios que es, que fue y que será hasta el final de los tiempos".

Durante la maestría tomé una clase sobre los Salmos impartida por un rabino judío. El profesor Roger C. Klein, del Templo Tiferth Israel en Cleveland, nos dijo que no teníamos que ser eruditos para entender los Salmos. No necesitábamos un gran intelecto, sólo un alma.

Los Salmos revelan los muchos rostros de Dios: roca poderosa, pastor, compañero, el que consuela, el que provee, anfitrión, creador, juez, defensor y mensajero. ¿Mi favorito? A mí me gusta la idea de un Dios personal de la alegría. Con frecuencia rezo: "Tú eres mi fortaleza y mi canción".

Los Salmos atienden todo tipo de turbulencia interna y externa, desde un fracaso en la cosecha hasta el ataque de enemigos, de la enfermedad a la soledad. Se hicieron para ser cantados, y si lo fueran, sería como escuchar una ópera de la Biblia.

Alguna vez leí que el presidente Bill Clinton leyó todo el Libro de los Salmos para encontrar alivio espiritual a todas las presiones políticas. Es fácil reconocer su atractivo, sin importar cuál sea tu religión. Los Salmos cubren absolutamente todo:

Para la pobreza, está el Salmo 10: "Señor, Tú escuchas la oración de los pobres; Tú les das fuerza a sus corazones".

Las campañas están cubiertas en el Salmo 35, que habla de las batallas contra los oponentes: "Combate, Señor, a los que me atacan; pelea contra los que me hacen la guerra (...) júzgame conforme a tu justicia, y no permitas que se regocijen. No digan en su corazón, ¡lo hemos devorado!"

Cualquier empleado puede utilizar una dosis del Salmo 56: "Ten misericordia de mí, Señor, los hombres me aplastan; me combaten y me oprimen (...) todo el día distorsionan mis palabras".

Los esposos pueden confiar en el Salmo 141 para controlarse: "Establece, mi Señor, un guardia en mi boca; vigila, Señor mío, la puerta de mis labios".

Los Salmos constituyen ahora los pilares de mi día. Me veo atraída a monasterios donde corren como un pulso a través de todos los que los cantan. Las monjas en el Monasterio Mount Saint Benedict, en Erie, Pensilvania, empiezan cada día con el mismo: "Oh, Señor, asísteme. Oh, mi Señor, corre a ayudarme". Los monjes en la Abadía de Getsemaní, en Trappist, Kentucky, terminan cada día con las mismas palabras: "En paz me acuesto y en seguida me duermo, porque sólo Tú, Señor, me haces vivir confiado."

Los Salmos algunas veces me encuentran. Una vez entré a un restaurante donde un grupo estaba haciendo una oración para bendecir el desayuno. Ahí, en un pizarrón cerca de la puerta, alguien había analizado el Salmo 46 hasta su más pequeño y profundo núcleo. Todo lo que quedó fue la esencia destilada de cada oración:

Quédate quieto y sabe que Yo soy Dios.

Quédate quieto y sabe que Yo soy.

Quédate quieto y sabe.

Quédate quieto.

Quédate.

Sal todos los días. Los milagros quieren ser descubiertos.

Un martes de septiembre por la mañana dejé la casa para ir a dar un largo paseo. Cuando regresé, el mundo había cambiado para siempre, o así parecía.

Al llegar a casa, seis mensajes parpadeaban en la contestadora. Puse el primero y escuché la voz de mi esposo, rota por el pesar y urgiéndome a llamarlo de inmediato. Sonaba como si hubiera muerto alguien de la familia. El resto de las llamadas eran de miembros de la familia que me decían que el país era atacado. La última fue de mi hermana en la ciudad de Nueva York, para informarme que ella, su esposo y mi ahijado estaban seguros en su departamento de Brooklyn, observando cómo las llamas devoraban las torres gemelas.

Prendí la televisión. Las torres estaban en llamas. Las torres se estaban cayendo. Las torres habían desaparecido. La gente corría por su vida como en una película de Godzilla. Los autos se derretían. Los rescatistas trepaban por una cascada de escombros. El humo escondía el contorno de Manhattan. La Estatua de la Libertad se veía débil y pequeña, como si tuviera en la mano la bandera blanca de la rendición, en lugar de la antorcha audaz de la libertad.

Durante días me senté frente a la televisión para ver el ataque una y otra vez, como si en cada ocasión los resultados pudieran ser distintos y aquellas torres pudieran parar en seco la caída.

Durante unas cuantas semanas nada se sintió igual. Yo ni siquiera podía salir a dar un paseo. Tenía miedo de hacer lo que estaba haciendo ese martes, cuando el mundo enloqueció. No tenía sentido alguno, pero pensaba que si salía a dar otro paseo alteraría el delicado equilibrio de la vida y regresaría a casa para encontrarme con el mismo tipo de mensajes.

Cuando finalmente salí, sentí como si el mundo se hubiera corregido a sí mismo. Caminé por uno de los parques de Cleveland y observé las hojas. Las hojas seguían flotando despreocupadas, como siempre, desde el cielo, dejando atrás árboles desnudos que oraban con los brazos elevados en callados aleluyas.

Las hojas no sabían que todo había cambiado el 11 de septiembre. El viento las desplazaba en forma rápida y baja, y enviaba multitudes de ellas a aletear por el piso como alegres niños a los que hubieran liberado a la hora del recreo. Cuando el viento soplaba fuerte y alto, las hojas se dejaban caer como confeti en el pasto. Cuando el viento soplaba con gentileza como un murmullo, las hojas solitarias llevaban a cabo volteretas hacia delante, hacia atrás y triples saltos mortales.

En el bosque, Estados Unidos no había sido atacado, tampoco estaba en guerra, asustado por el ántrax o celebrando el renacimiento del patriotismo. Las únicas batallas que se libraban ahí eran las de las ardillas y sus atesoradas bellotas. El único peligro de contaminación provenía de tocar hiedra venenosa o de pisar los montículos que los caballos dejaban atrás. Los únicos despliegues de rojo, blanco y azul eran las moras gordas y las semillas blancas que flotaban contra el claro cielo azul.

En el país del bosque, la vida continuaba rindiéndose ante la muerte para abrirle paso a más vida. El ciclo de la vida continuaba ininterrumpido. La naturaleza es tan duradera, que nos recuerda que también nosotros lo somos.

Henry David Thoreau escribió sobre ir al bosque porque no quería vivir una vida apresurada y tampoco quería resignarse. Sus palabras traían un nuevo significado. Yo regresé al bosque porque no quise resignarme, no quise entregarme al miedo por el ántrax, al enojo en contra de los terroristas, la desesperación por la economía paralizada. Regresé al bosque porque me atemorizaba menos caminar sola en el bosque que sentarme en mi escritorio y abrir el correo o prender la televisión y escuchar a los expertos.

Cualquier día que quieras escapar de la locura, personal o del mundo, deja la televisión, la computadora o el iPod, ponte tus tenis y sal de paseo. Siempre hay una sorpresa. En una caminata de ocho kilómetros, vi a un hombre que intentaba fotografiar a su galgo irlandés junto a una cascada. El perro era demasiado obediente como para poder cooperar. Cada vez que el hombre con la cámara llamaba al perro para que volteara, éste corría hacia él.

En otro sendero sorprendí a dos venados que dormían la siesta, atestigüé cómo una garza azul aterrizaba, y me paré cerca de un pantano lleno de juncos a observar esas altas banderillas bambolearse al unísono como cantantes de música gospel, alabando al Señor.

Pasé por cascadas diminutas y leí citas grabadas en barandillas de madera, y encontré este mensaje de Rachel Carson para consolar a todo aquel que pasa: "Aquellos que se complacen con las bellezas y misterios de la tierra jamás están solos ni cansados de la vida".

Qué cierto. Cuando me diagnosticaron el cáncer fui a pasear en la nieve. Era marzo. Temía todo lo que tenía frente a mí: la cirugía, la quimioterapia, la radiación. La nieve me distrajo, se arremolinó en mi rostro, me jaló hacia el momento presente, deslumbrante y vertiginoso. Volteé hacia arriba y sentí los copos que me golpeaban como plumas de una almohada. Disfruté ese contacto, y supe que no estaba sola.

En su diario, Henry David Thoreau escribió sobre el hogar y la iglesia que la naturaleza provee:

Solo en el bosque distante, en humildes campos con huellas de conejos, incluso en un día sombrío y sin alegría, como éste, cuando un aldeano pensaría en su posada, yo regreso a mí, y nuevamente me siento conectado, y ese frío y soledad son amigos míos. Supongo que este atributo, en mi caso, es equivalente a lo que otros obtienen al ir a la iglesia y rezar. Yo regreso a casa, a mi paseo solitario por el bosque, como el nostálgico regresa a casa. Y entonces desecho lo superfluo y veo las cosas como son, grandes y hermosas.

Deja de comparar tu vida con la de los demás.

Cada vez que el Padre Clem Metzger organiza un retiro, cuenta la historia de la mujer que quería verse mejor.

Esa mujer de mediana edad tiene un accidente automovilístico. Los paramédicos la llevan corriendo al hospital. Mientras entra y sale del estado de conciencia, ella le ruega a Dios que la mantenga con vida. Dios le dice que no se preocupe y le promete una vida muy larga. Todavía no es tiempo de que se vaya.

Mientras está en el hospital recuperándose de sus huesos rotos, ella piensa que quizá sería bueno aprovechar para que le hagan otros "trabajitos". Opta por una liposucción y, por qué no, por el aumento de busto. Hace que le levanten los ojos y reduzcan su nariz. Ella se ve y se siente como una nueva mujer. Está tan complacida con su nuevo cuerpo y su cara joven, que no puede esperar para mostrárselos al mundo.

Minutos después de dejar el hospital para ir a su casa, un camión da la vuelta en la esquina, se estrella contra ella y la mata. Cuando llega a cielo está furiosa y le dice a Dios:

—Dijiste que iba a vivir una larga vida. ¿Qué pasó?

Dios estudia su rostro y le responde:

—¡No te reconocí!

La primera vez que lo escuché, me reí de la mujer, pero no de mí misma. Pasaron varios retiros antes de que pudiera entender muchas cosas.

De vez en cuando quiero tomar prestada la vida de alguien más. Echo un vistazo al viaje de alguna otra mujer y quiero ponerme sus zapatos y caminar en ellos. Contemplo mis pies y comparo mis zapatos con los de ella. Su par se ve más bonito, más sexy, más a la moda y mucho más cómodo. Por supuesto, no tengo idea de cómo se sienten esos zapatos realmente en sus pies, sólo de cómo se verían y se sentirían en los míos.

Es fácil comparar mi interior con el exterior de otras personas y sentirme en desventaja. De vez en cuando, recibo un recordatorio contundente de que mis problemas son mis más grandes regalos.

Hace algunos años asistí a una función de cientos de influyentes en Cleveland. Me sentí intimidada ante el salón lleno de alcaldes, miembros del congreso, ejecutivos de negocios y jueces poderosos. Todos parecían más inteligentes, más ricos y más importantes de lo que yo llegaría a ser jamás.

Una juez se acercó a platicar conmigo. Ella era una estrella brillante y ascendente en la comunidad. Me preguntó si tenía hijos. Yo saqué la foto de mi hija en su vestido de novia, que llevo guardada en la cartera. La juez estudió la imagen de mi hija sentada junto a mí en esa nube de tul blanco. Sus ojos se humedecieron.

—Yo no tengo hijos —murmuró—. Tuve cinco abortos. Tenía tantas ganas de tener hijos. Ni siquiera me puedo imaginar qué se siente tener una hija.

Ella colocó la foto en su mejilla y cerró los ojos, como para empaparse en el beso de la maternidad, una huella que podía sentir, pero jamás experimentar.

Cada vez que veo la foto, me siento nuevamente bendecida.

La mayoría de nosotros pierde de vista los regalos otorgados, hasta que vemos los problemas que otras personas han tenido que soportar. Mi amigo Michael Brittan es un abogado prominente que bien podría ser la persona más feliz que yo haya conocido. Algunos sienten que tanta felicidad es molesta. Él constantemente sonríe, alaba a otros, señala lo bueno en cada situación negativa y vive asombrado por cada pizca de belleza a su alrededor. Él es como una luciérnaga humana. Irradia luz.

Aquellos que no lo conocen, ven las apariencias y suponen que ha tenido una vida fácil y cómoda, pero desconocen los antecedentes. El papá de Michael era un delincuente que conducía algunas apuestas para la mafia irlandesa local, el Club Celta. Las mafias italiana e irlandesa tenían una guerra en Cleveland. Antes de que Michael empezara a estudiar derecho, su papá disparó y mató a un hombre durante un juego de póquer. Unos cuantos meses después de salir de la cárcel, mientras Michael seguía estudiando, su papá fue asesinado. Eso no frenó a Michael. Si algo hizo, fue impulsarlo hacia delante.

Michael se convirtió en abogado, y años más tarde en presidente del Colegio de Abogados del Área Metropolitana de Cleveland. Dona parte de su tiempo como voluntario en las escuelas de Cleveland, en las cuales habla sobre tres puntos importantes: derechos, responsabilidades y realidades. Va a escuelas de zonas marginales y promueve una actitud positiva hacia el sistema legal para ayudar a los niños a terminar la preparatoria. Él les dice que pueden tener éxito con la actitud mental correcta, un propósito definido y la disposición de trabajar duramente. A pesar del caos de su vida cuando estaba estudiando derecho —papá en juicio por homicidio, papá en la cárcel, papá asesinado—, Michael estableció una meta, trabajó duramente y obtuvo el primer lugar de su clase.

¿Cómo podría relacionarse un tipo blanco y rico, de traje y corbata, con un salón lleno de adolescentes pobres y negros? Por haber tenido a un padre que vivió una vida criminal, él puede conectarse con el dolor, la pena, el miedo y la inseguridad. Él comparte las heridas de estos chicos.

Hay todo tipo de personas como Mike en el mundo. En mis retiros anuales en la Casa de Retiro Jesuita en Cleveland, constantemente descubro que todos estamos rotos, sólo que de maneras diferentes. Después de ver las cicatrices de los demás, yo abrazo las mías con gratitud.

En un retiro en particular, me sentía recientemente herida por la vida. Mientras caminaba por las 20 hectáreas noté a una venadita cojeando por el boque. Tenía un pelaje suave de color nuez y daba pasos delicados y lentos. Cuando me acerqué pude ver que caminaba en tres patas. Una de sus patas delanteras se le había roto y colgaba en el aire.

Mi corazón se conmovió. Oré porque no tuviera dolor. Qué frágil se veía. La nombré Bernadette y oré por ella durante todo el fin de semana. Jamás la olvidaré. A los otros venados no podía diferenciarlos, pero a ésta siempre la recordaría. La reconocería por su extremidad rota, por su herida.

Y mientras caminaba por el bosque, no podía sacudirme la imagen de su vulnerabilidad, pero después me hirió. Así es como me siento con frecuencia en el interior. Así es como Dios nos conoce, por nuestras heridas.

San Agustín alguna vez escribió: "En mi más profunda herida veo Tu gloria y me deslumbra". Para Dios, no son heridas, sino regalos.

Una vez alguien me dijo que Dios viene a nosotros disfrazado de nuestra vida. Llega como el desastre de esa vida, en los problemas y defectos que desearíamos que no estuvieran y que oramos porque desaparezcan. En mi agenda tengo pegada una cita de Thomas Merton que me recuerda que fui formada perfectamente con todas mis imperfecciones.

Merton era un monje trapense, poeta y activista social que murió en 1968, después de pasar casi toda su vida en oración y soledad en la Abadía de Getsemaní, en Kentucky. Él creía que todos tenemos un destino único, un propósito que nos corresponde a cada uno de nosotros. Dios jamás ha repetido ese destino, y no lo hará. Esa singularidad queda tan bien expresada en las palabras del profeta Isaías, quien dice en la Biblia que Dios nos llamó desde el vientre de nuestra madre, nos formó de manera única y jamás nos olvidará. Él ha grabado mi nombre, y el tuyo, en la palma de Su mano.

Le debo dar a Dios lo que no ha recibido de nadie más: el regalo de mi ser.

Sí, si todos aventáramos nuestros problemas en una pila, recuperaría los míos, no porque sean más fáciles, sino porque son míos. Mis lecciones. Mis honores. Mis regalos.

No seas un testigo de la vida. Da la cara y sácale todo el provecho ahora.

Leslie Hudak tenía una curiosa teoría sobre los adolescentes. Ella creía que todos nacemos con cierto número de fichas (como de póquer). Algunos niños pierden sus fichas en el camino por insultos, críticas y una paternidad deficiente. Para el momento en que llegan a la adolescencia, tienen que proteger lo poco que les queda, así es que no se pueden permitir tomar riesgos ni confiar en la gente.

Ella era maestra de literatura en una preparatoria, y se dedicó a aumentar el número de fichas de sus alumnos. Compró una lata de pintura dorada e hizo fichas de póquer. Ella les dio las fichas doradas a los adolescentes en la preparatoria Kent Roosevelt, donde mi hija era estudiante. Leslie se centró en los chicos heridos, los niños-problema que necesitaban el mayor aliento. Conforme construían sus pilas de fichas, podían apostar: intenta salir en una obra. Intenta sobresalir en algún deporte. Invita a alguien al baile. Sueña en grande.

Leslie fue quien más apostó. Ella pudo simplemente haber hecho su trabajo como maestra e irse a casa cada noche sintiéndose satisfecha. En vez de eso, firmaba como aval para conseguir préstamos para los chicos. Leslie les llevaba el almuerzo. Les ayudaba a pagar sus rentas. Le dio su viejo auto a un estudiante que lo necesitaba para ir a trabajar. Cuando un chico quiso intentar el salto con garrocha, Leslie vio videos sobre el deporte y se convirtió en su entrenadora.

Ella solía llegar a casa de alguien con un ramo de flores para darle las gracias a un estudiante, hacía enormes cenas con espagueti en su casa, entregaba canastas de Pascua y costales de regalos de Navidad a los niños que no tenían nada.

Ella decoró el baño de las niñas para que dejaran de fumar en la escuela. Se pasó todo un fin de semana poniendo tapiz estampado con flores, pintura nueva y canastas con espray para el cabello, tampones, crema para manos y dulces gratis. Funcionó. Las chicas adoraron todos estos cambios y cuidaron el baño como centinelas. Nadie se atrevió a fumar nuevamente ahí.

Cuando Leslie escuchaba alguna de las historias de vida de los adolescentes, llenaba sus refrigeradores de comida, les enseñaba a las chicas a hacer la lavandería y sostenía la mano de alguna de ellas durante el parto, cuando no tenían la ayuda de los novios ni de los padres.

Y fue Leslie quien estuvo ahí durante sus bodas, ayudando a las chicas a entrar en los vestidos de novia, chicas que no tenían madres para celebrar. Ella creía en sus sueños. Una chica quiso ser cantante, así es que Leslie le dio el dinero para ayudarla a grabar un CD.

Esa estudiante cantó "Amazing Grace" (Gracia asombrosa) en el funeral de Leslie. Un día de febrero, Leslie murió en un accidente automovilístico cuando regresaba de la escuela. Tenía 58. Miles llegaron para llorar la pérdida. El estudiante al que Leslie había adoptado legalmente diez años antes, un chico que había crecido en hogares adoptivos y no tenía a dónde ir cuando cumplió dieciocho, apareció en su obituario como uno de sus sobrevivientes.

Todo el mundo en el funeral tenía una historia que contar sobre Leslie. Ellos hablaron de cómo aventaba caramelos a los trabajadores en las construcciones, hablaba con los empleados aburridos de las casetas de peaje y premiaba a las cansadas meseras con medallas de ángeles.

Cuando se sentía frustrada porque las composiciones para el examen del final de semestre no eran entregadas a tiempo, se vestía con un vestido rosa y una diadema para dirigirse a la clase como la Princesa de la Procrastinación (aplazamiento). Cuando escuchaba que un grupo de chicos tenía planeado salir de caza, los invitaba —a los veinte chicos—, les servía comida y les ponía la película de *Bambi*.

Leslie les enseñó a todos a su alrededor a no ser simples testigos de la vida. Cuando eres oyente de un curso, y no recibes créditos por éste, casi nunca asistes y no inviertes el cien por ciento de tu esfuerzo. Leslie le enseñó a la gente cómo hacer que la vida contara como si cada momento fuera evaluado, como si cada encuentro importara.

Ella pudo haberse quedado en la pequeña caja etiquetada como maestra y haberse sentido satisfecha con su trabajo en el salón de clases. Pero no habría tratado a todos esos chicos como se merecían. Todos tenemos la misma elección: quedarnos en la pequeña caja donde otros nos colocan (por la profesión, el ingreso, la educación y el IQ) o agrandarla o aprovechar la ocasión y salir de allí.

Leslie brincó más alto y más lejos que la mayoría de nosotros. Ella entregó su vida. Durante años se quedó hasta las 2 de la mañana calificando exámenes. Su hija, Megan, me dijo:

—Creo que mi mamá no vio televisión en diez años. Ella entregaba un pedazo de sí misma a cada persona, pero jamás sentíamos que nos quitaba algo por ello.

Sus estudiantes, incluyendo mi hija, la elogiaron como amiga, maestra y madre, como la persona con el corazón más grande del mundo. La última vez que vi a Leslie, me dijo:

—Siempre me siento mal cuando una persona espera lo peor de la gente, en lugar de esperar lo mejor. Algunas veces no tratamos a los jóvenes como se merecen.

Cada día ella apostaba por ellos, y ganaba. Ellos también.

Deshazte de todo aquello que no sea útil, hermoso o alegre.

Deshacerme de las cosas va en contra de mi información genética.

Mis padres, pertenecientes a la época de la Depresión, guardaban todo. Al haber sido pobres de niños, nos enseñaron a no tirar las cosas jamás. El garage de papá era un templo a los artículos usados; el sótano de mamá, un altar al ahorro. ¿Calcetines con hoyos? Utilízalos como trapos. ¿Playeras con manchas? Úsalas debajo del suéter. *¿Jeans* con las rodillas rotas? Córtalos como shorts.

Si abres mi clóset podrás ver la semejanza de familia. Lo que me impide limpiarlo es que me topo con todo lo que dejé atrás.

La Yo Atlética no puede deshacerse de las rodilleras, los zapatos de voleibol, los patines de rueditas, los patines de hielo y los variados bras de deportes que me convencen de que todavía sigo siendo lo suficientemente joven como para ser la atleta que nunca fui.

La Yo a la Moda es propietaria de una falda negra de licra que se ve súper, hasta que la has usado por tres horas. Si bien se estira para abrazar tu trasero, no se vuelve a estrechar, así es que cuando te pones de pie luce como si estuvieras escondiendo a un par de gemelos de primero de primaria debajo de tu falda.

Mi Yo Más Joven solía verse desenfadada como porrista con la minifalda gris de pliegues. Ya es hora de dejar ir el atuendo y los zapatos de 80 dólares con tacones de diez centímetros que me hacían sentir con zancos sobre hielo.

La Yo Sexy cree que un día me veré exactamente como las modelos si uso la ropa interior de terciopelo negro, tanto el bra acojinado como el mini calzón *stretch*, que no te deja exhalar.

La Yo Nostálgica se aferra a cada artículo con una historia, como las gorras de beisbol del novio y la novia que obtuvimos como regalo de bodas. ¿Podemos seguirlas usando? Todavía nos sentimos como recién casados. O la atractiva túnica rosa que llevaba cuando conocí al hombre con el que me casé. Él afirma que fue amor a primera vista. Gracias a Dios que el amor es ciego.

La Yo Realista domina la situación y decide que es tiempo de deshacerme de todo lo que no he usado en cinco años. Hago una pila para donarla. Una cordillera se forma. Me siento como una mujer nueva. Mi vida está organizada. Bueno, al menos lo está mi clóset.

Pocos años después hice lo mismo en toda la casa después de que el desorden coaguló y tapó las arterias de nuestro hogar. San Benito alguna vez escribió que la ropa extra que almacenamos en el sótano, el ático y los armarios pertenece a los pobres. No estoy tan segura de que los pobres quieran docenas de playeras rosas utilizadas para recaudar fondos, pero ahora las tienen.

Durante tres meses fui una mujer poseída, limpiando la casa de pies a cabeza. Todo empezó cuando saqué dos sillas feas. Una silla de oficina color amarillo mostaza y una fea silla de comedor estilo Early American. Cuando un día las puse en la banqueta, descubrí que los vecinos tenían una venta de garaje.

Supuse que ya tenía una audiencia intrínseca, descargué nuestro sótano en la banqueta. Tiré una vieja mesa para el café, una claraboya, una mecedora, un estéreo y la vieja lámpara verde que era una antigüedad y la había tomado de la acera de alguien más; todo lo que necesitaba era un cable y un enchufe para funcionar, pero después de un año de estar tirada en el sótano, no estaba más cerca de funcionar, así es que se fue para fuera.

Mi vecino la tomó. Quince minutos más tarde, estaba de regreso en la banqueta. Su esposa se rehusó a dejarla entrar a la casa. Resulta que no siempre la basura de una persona es el tesoro de alguien más. Algunas veces sigue siendo basura.

Saqué guantes y calcetines que no tenían su pareja, sombreros y bufandas comidos por las polillas, velas que se habían derretido en su almacenaje y la tela para un vestido que había adherido con alfileres a un patrón hacía veinte años. Ni siquiera me detuve para salvar los alfileres.

Mientras clasificaba todo, formulé cuatro preguntas: ¿Es útil? ¿Es hermoso? ¿Le da significado a tu vida ahora? Si este artículo fuera gratis en una venta de garage, ¿lo tomarías? La última pregunta sirvió como un suero de la verdad. Prácticamente me deshice de todo.

Llené la acera y personas desconocidas la vaciaron. Para el mediodía todo se había ido. La casa se sentía lista ahora. Para qué, lo descubriría conforme el tiempo pasara.

Despejar te obliga a soltar el pasado. Crea una nueva abertura para el futuro. ¿Para qué estás haciendo espacio ahora? Hay nuevas formas de experimentar el tiempo libre y el romance, la creatividad y la serenidad. Nuevos pasatiempos, nuevos amigos, nuevas metas. Una vez que desalojas el exceso puedes abrazar lo esencial: aquello que es hermoso, significativo y mejora tu vida.

Cuando finalmente dejas ir a la persona que solías ser, descubres la persona que eres ahora y la persona en la que te quieres convertir.

Al final, lo que realmente importa es que hayas amado.

Durante años luché contra Dios.

Siempre quedaba inmovilizada, pero regresaba gateando al *ring* para el siguiente combate.

Entre combates, yo fingía piedad e intentaba ser buena, pero nunca podía ser lo suficientemente buena. Algunas personas tienen un Dios que es como Santa Claus. Yo tenía un Dios que parecía el Coco.

Las raíces de mi confusión con Dios se remontan al pasado. Son prenatales. Me sentía como el poeta que escribió "Nací el día en que Dios estuvo enfermo". Creía que Dios no se había dado cuenta de que yo había nacido. Yo me había infiltrado, inadvertidamente, y había pasado toda mi vida tratado de llamar Su atención en vano.

Y eso era cuando no estaba sobrecogida por un miedo mortal, que pudo haber durado como media hora en un buen día, y los días buenos eran raros.

Mi conciencia de nuestra batalla empezó en la escuela católica o, como yo la llamaba, el campo de entrenamiento militar. Durante mi servicio militar de ocho años en la Escuela de la Inmaculada Concepción, en Ravenna, Ohio, el primero de primaria me asustaba tanto que fui a casa a almorzar un día y le rogué a mi mamá que nunca más me volviera a enviar. La maestra de primero de primaria probablemente sólo tenía veintitantos y jamás quiso enseñar a 46 niños que no sabían cómo atarse las agujetas, sonarse la nariz o contar hasta 20. La Hermana P era cruel. Debieron de habernos dado condecoraciones por las heridas de batalla, en lugar de tarjetas sagradas. Cuando una niña de manera accidental rompía la cubierta de su libro de fonética, la Hermana P le daba de gritos y, de un golpe, la tiraba al suelo. Cuando un niño mojaba sus pantalones, ella hacía que se sentara en el pasillo en ropa interior. Cuando luchábamos por entender las sumas y las restas, nos gritaba y nos llamaba demonios a todos. Una vez me limpié la nariz con la manga de mi blanca blusa y ella me llamó "cerda" frente a toda la clase por ese delito.

Yo sólo tenía 6.

Esta fue mi entrada al mundo escolar. Yo jamás había estado en el kínder. Mis papás no me habían enviado.

En segundo año me tocó una monja linda. La Hermana Dismas, toda ella era sonrisas y luz. Después, al siguiente año, la temida Hermana D apareció. El primer día de escuela debíamos cubrir nuestros libros con bolsas de papel. Yo no sabía cómo, así que ella me pegó en la cabeza con el libro, no con la bolsa. Los siguientes dos años, Dios tuvo misericordia y envió unas cuantas maestras que no eran monjas. Una dulce Sra. Adkins en cuarto grado, y una amigable Sra. Plumstead en quinto, cuyo aliento olía a pastillas de menta. Después, en sexto grado, de regreso a la jungla. La Hermana E estranguló a una niña durante la hora del recreo. La niña jamás volvió. En primero de secundaria, el Sr. S hacía que los chicos malos se pararan frente a todos nosotros con los brazos estirados a los lados, mientras él apilaba enciclopedias en sus palmas abiertas, hasta que la risa del niño se convertía en llanto. Un día, cuando yo lloré, me obligó a voltearlo a ver. Yo no pude porque los mocos se me salían de la nariz. Él me ladró que madurara.

Si nosotras, las chicas, olvidábamos llevar un sombrero o una mascada a la iglesia, las monjas aseguraban con alfileres pedazos de papel de baño a nuestra cabeza, como si Dios se ofendiera menos por ver *Charmin* en lugar de pelo. Una vez dentro de la iglesia, teníamos que voltear a ver a la Hermana B, quien aplaudía. Ella aplaudía una vez, y debíamos hincarnos en una rodilla y hacer una genuflexión. Ella volvía a aplaudir y nosotros nos levantábamos para sentarnos en el banco. Hacíamos algo indebido y nos aplaudían en la cabeza.

¿Dónde cabía Jesús en todo esto? Jesús era una simple lección de historia. Una atemorizante. Dios nos amaba tanto que Él había enviado a Su Hijo para salvarnos. Pero Dios, que supuestamente era un padre amoroso, dejó que Su único Hijo quedara colgado de clavos en una cruz bajo la lluvia, vistiendo solamente un trapo y una corona de espinas. Creo que paso de esto, Dios.

¿Cómo complaces a un Dios como ése? ¿Quién querría a un Dios como ése? Jesús era un curso para el cual estudiábamos y su padre un bravucón al que jamás podría darle gusto.

Entonces conocí a Joe.

Al principio lo confundí con el jardinero. Él no llevaba su cuello romano ese día y no parecía un sacerdote jesuita o ningún tipo de sacerdote, para tal caso. Se paró en la puerta de la casa de retiro; llevaba una camisa de franela roja y pantalones de trabajo. Tenía una gran nariz aguileña de donde uno podía colgar un abrigo. Sus mejillas sobresalían como alas de su rostro. Su espalda tenía una curva como de horquilla para el cabello, que le hacía imposible sentarse cómodamente en una silla o dormir de espaldas. El Padre Joseph Zubricky era el Jorobado de la Casa de Retiro Jesuita.

Él se convirtió en la luz de mi vida.

Joe nos dio una plática sobre el Dios de la comprensión, a quien él llamaba Jesús. Sólo que para nada era como un Dios del que yo hubiera escuchado. Joe estaba enamorado de Dios y sabía que Dios estaba enamorado de él. Él no permitía que la religión se interpusiera en esa relación. Joe, una de las creaciones más torcidas y bizarras de Dios; Joe, quien tenía todas las razones para resentir lo que le había tocado en la vida —sus 206 huesos torcidos—, sólo amaba.

Después de su plática, lo confronté en el pasillo. Él me permitió tirar todo mi equipaje en su regazo, todos mis argumentos en contra de la Iglesia, toda mi confusión sobre quién era Jesús o no, todos mis resentimientos respecto a las monjas y la Iglesia y Dios. ¿Había tal lugar llamado limbo? ¿Qué había del purgatorio? ¿Cómo podía creer que el Papa, un simple humano, fuera infalible? Joe sólo sonreía. Él no iba a debatir. Esperó pacientemente hasta que terminé de despotricar.

Él dijo que las reglas, el dogma, la jerarquía de la Iglesia, nada de eso importaba. Él podía ver mi exasperación, pero sus cálidos ojos cafés se llenaban de luz, una luz que venía del interior. Él sonreía como un hombre enamorado.

—Mira, al final, Dios sólo va a hacerte una pregunta: ¿Amaste? ¿Eh? Eso es lo único que importa. ¿Amaste?

Final del debate.

Final del combate.

Dios 6. Regina 0.

Sometida para siempre. Mediante el amor.

LECCIÓN
44

La envidia es una pérdida de tiempo.
Tú ya tienes todo lo que realmente necesitas.

El tío Al estaba muriendo.

Los doctores le diagnosticaron neumonía, pero creo que finalmente su corazón se desgastó.

El tío Al extrañaba la luz de su existencia. Tenía 81 años de edad y había pasado casi toda su vida amando a mi tía Chris. Nunca dejó de amarla, incluso cuando ella lo olvidó, cuando el Alzheimer diluyó cada uno de los recuerdos de sus 56 años juntos. La muerte no fue lo suficientemente fuerte como para separarlos. Él caminaba alrededor de la casa llevando una foto de mi tía, después de su muerte. Él le hablaba. Rezaba con ella. Le cantaba. Las canciones la trajeron de regreso.

Yo me detuve para visitarlo brevemente en el hospital. Caminé de puntitas hasta la sala, una unidad de cuidado especializado donde tenía un pequeño cuarto para él solo. Su cuerpo abarcaba tan poco espacio en esa cama, perdido entre tubos, monitores y demás aparatos. Él yacía sobre su espalda, y su hija estaba a su lado. Ella se veía como su joven novia: Chris.

Tan pronto como dije "hola", se irguió repentinamente como si yo hubiese usado un desfibrilador. Su delicado cabello blanco estaba enmarañado. Estaba tan delgado que sus huesos sobresalían a través de la bata del hospital, como si fueran armas. Podía ver que mi tío luchaba: el dolor, la falta de aire, la dificultad para tragar.

Pero su mente estaba tan lúcida como siempre. Habló durante dos horas. Empezó a hablar y no pudo parar. El tío Al amaba contar historias. Su favorita era sobre cómo había conocido a mi tía. Él le pidió matrimonio a la hermana de mi papá durante la Misa de Medianoche. Me contó relatos sobre sus viajes a California, Nueva York y Chicago. Luchaba por algo de aire entre relatos y ciudades. Su hija seguía pidiéndole que hiciera pausas para respirar.

Me senté en su cama disfrutando cada detalle mientras él recordaba los años idos. Después empezó a cantar y quiso que nosotros también lo hiciéramos: "Vengan a mí todos los que están cansados y agobiados", cantaba y después sonreía.

Cuando llegamos al final, como un niño pequeño, él imploró, "Volvamos a cantar".

De vez en cuando un doctor o una enfermera entraban para recordarle que siguiera respirando el oxígeno. Él les decía que se fueran. No estaba preocupado de morir, no estaba interesado en prolongar su vida. Mi tío estaba listo para partir, listo para reunirse con su esposa. Sus votos matrimoniales iban más allá de "hasta que la muerte nos separe".

—He tenido una vida maravillosa —decía continuamente a través de la máscara de oxígeno.

Qué gran afirmación para hacer en el lecho de muerte.

Abrazar la vida que has vivido y dar las gracias por ella. Sin remordimientos. Sin "si hubiera". Sin "debí haber".

El tío Al supo que la felicidad era una elección. ¿Cómo puedes ser feliz? Al elegir amar lo que ya se tiene. La felicidad no se encuentra en el aumento que queremos ni en el fondo para el retiro que construimos, ni en la mansión y el *Mercedes* en que estaríamos sentados si ganáramos la lotería.

Estudios muestran que el dinero extra no te vuelve extra feliz. Nadie quiere ser pobre, pero una vez que las necesidades básicas de comida, techo y educación son satisfechas, no puedes obtener la felicidad con el dinero extra. Eso es lo que dicen los investigadores de la felicidad; sí, realmente existen. Aquellos economistas y psicólogos a quienes les pagan por estudiar la felicidad entregaron un informe que se publicó en la revista *Science* en 2006. Demostró que la gente con ingresos más elevados no decía ser más feliz, y sí mostraba un estado mayor de ansiedad y enojo.

Alrededor de la misma época un informe salió en los periódicos que decía que tener hijos, estar jubilado y poseer una mascota no son factores que determinen la felicidad. Es tu punto de vista —lo que realmente uno elige— lo que determina la felicidad.

¿Cómo ser feliz?

Los expertos ofrecen estos consejos: Elegir el tiempo por encima del dinero. Meditar y rezar. Reconciliarse con el pasado. Pasar más tiempo socializando con amigos. Aprovechar el día, el momento, las Oreo. (Está bien, ese último consejo fue mío.)

Las personas solían acudir a directores espirituales para obtener la respuesta. Hoy en día, acuden a "entrenadores de vida"; yo acudo a los monjes. Hace años fui a un retiro en la Abadía de Getsemaní. Un monje había puesto una señal afuera del cuarto donde iba a dar un pequeño discurso. Él formuló tres preguntas y dio sus tres respuestas:

¿Qué soy yo?
   Un hijo de Dios.
¿Qué necesito?
   Nada.
¿Qué tengo?
   Todo.

Eso lo resume.

¿Quién lo vive? Muy pocos de nosotros. Uno de los mayores modelos de vida fue Mychal Judge, el popular sacerdote católico que murió en los ataques del 11 de septiembre. Su amigo, el Padre Michael Duffy, un fraile de Filadelfia, dijo esto en el discurso fúnebre:

—Él solía decirme 'Michael Duffy' (siempre me llamaba por mi nombre completo). 'Michael Duffy, ¿sabes lo que necesito?'

"Y yo me ponía emocionado porque era difícil comprarle un regalo o cualquier otra cosa. Yo decía:

—No, ¿qué?

—¿Sabes lo que realmente necesito?

—No, ¿qué Mike?

—Absolutamente nada. No necesito nada en el mundo. Soy el hombre más feliz en la faz de la tierra.

También lo era mi tío. ¿Eran felices porque tenían todo? ¿O porque no necesitaban nada? Ambos.

La felicidad no consiste en obtener lo que quieres. Es querer lo que ya tienes.

Mi tío Al tuvo todo porque lo que tenía era lo que quería. En su funeral, le cantamos su canción favorita: "Vengan a mí, todos los que están cansados y agobiados".[5] Todos sonreímos. Realmente, no podíamos sentir pesar. Sabíamos que él estaba feliz. Siempre lo estaba.

---

[5] Canción inspirada de Mateo 11:28 del Nuevo Testamento. (N. de la T.)

Lo mejor está aún por venir.

Alguna vez escuché la historia de una madre que, tras cocinar una deliciosa comida y ver que su familia disfrutaba cada bocado, anunciaba:

—¡Guarden sus tenedores! Lo mejor está aún por venir.

Ella hablaba del postre. Lo mismo puede ser cierto en la vida.

Durante la mayor parte de mi vida, rara vez conté con el postre. Cuando era niña, el postre hacía su aparición en días festivos y cumpleaños, rara vez después de una comida entre semana. La carne y las papas constituían el alimento principal. Siempre las papas. Papá compraba costales de 45 kilos. Mi mamá hacía su mejor esfuerzo y las transformaba en comidas interesantes para alimentar a once hijos. Mi papá nos dio un techo; mi mamá, sábanas limpias en las camas y tres comidas completas. No había arrumacos a la hora de ir a la cama, no había canciones, no había ceremonias. Nos faltó tiempo para llegar a conocerla.

Cuando tienes una familia grande eres amado como grupo. Es un tipo diferente de relación cuando tienes que compartir a tu mamá con cinco hermanas y cinco hermanos. No tuvimos el tipo de vínculo como el de ir de compras juntas o hacernos un manicure. No tuvimos esa relación de camaradas que muchas madres e hijas tienen. Tuvimos el tipo de relación que yo seguía tratando de desentrañar después de casi 50 años de ser su hija. No era una relación mala. Era una relación en blanco.

Las cosas que otras mujeres extrañan cuando sus madres se mueren son cosas que yo ni siquiera dominaba con mi mamá, que estaba viva. La había amado torpemente durante años. Ahora era un adulto, así es que los defectos eran míos, no de ella.

Parte de mí quería que la relación mejorara; parte de mí había dejado de intentarlo. Durante décadas esperé a que ella diera el primer paso. Había esperado la mayor parte de mi vida. ¿Se suponía que yo debía reparar la relación? ¿O lo iba a hacer ella? Realmente no estaba rota. Era como si nunca se hubiera desarrollado completamente.

Durante años pregunté a otros sobre esta relación: terapeutas, consejeros espirituales, monjes a quienes consultaba en retiros. Yo describía la carencia que parecía definirla. Todos me daban el mismo consejo: acepta la relación que tienes. No tienes que tener una relación cercana con tu mamá.

Pero todos los demás tenían una. ¿Todavía había esperanzas de tener una?

Mi amiga Suellen sugirió que hiciera una lista de la gratitud. "Qué parecido a Oprah", pensé. Suellen dijo que tendría un efecto profundo. Concéntrate solamente en lo bueno que hizo tu mamá y haz una lista de todo, sin importar lo pequeño que haya sido.

Empecé a sentir gratitud porque me dio la vida, porque se quedó conmigo y me alimentó. A partir de ahí, me quedé en blanco. Tantos hijos vinieron después de mí —seis—, que me perdí en la baraja.

De vez en cuando añadía unas cuantas cosas a la lista pero, la mayoría de las veces, la lista me frustraba y se convertía en un recordatorio doloroso de que mi mamá estaba ausente. Finalmente dejé de añadir cosas.

Tiempo después llegó el momento de celebrar su cumpleaños. El gran aniversario número 75. Mi hermana en Columbus organizó la fiesta. Mi trabajo consistía en llevar a mamá, manejar con ella durante las dos horas y media de trayecto. Me sentí congelada por dentro. ¿De qué hablaríamos durante tanto tiempo? En cierto nivel, éramos extrañas. Yo ni siquiera sabía qué comprarle. No conocía su gusto en joyería, ropa o música. El día antes de la fiesta, yo todavía no había elegido un regalo.

Así es que le di el regalo que ofrece un escritor: su escritura.

La noche anterior a la fiesta desenterré esa lista y me senté en la computadora. Me quedé despierta hasta que pude anotar las setenta y cinco cosas que amaba de mi madre. Conté a todos mis hermanos, lo que dio diez artículos de manera instantánea. Entre más escribía, más se llenaba ese pozo vacío en mi corazón con recuerdos grandes y pequeños. Algunos me hicieron reír; otros, llorar. Cuando terminé eran las 3 de la mañana. Imprimí el texto y lo enrollé como un pequeño pergamino con un listón alrededor. También imprimí una lista de todos los grandes acontecimientos de 1930, el año en que nació. Después diseñé un certificado para un día de compras y lo envolví.

Al día siguiente compré una pequeña corona de plástico en la juguetería para que ella pudiera ser la Reina Mamá por un día. Quería que ella se sintiera especial, y no estaba segura de que lo haría. Los cumpleaños siempre fueron difíciles para ella. Cuando éramos niños, Papá nos daba dinero para que le compráramos algo, sin importar lo que eligiéramos, y siempre se sentía decepcionada. Parecía como si los cumpleaños le hicieran revivir algún pesar secreto, y le fuera imposible sentirse feliz.

Algo de mí esperaba lo mejor, pero gran parte de mi ser temía lo peor. Temía que, sin importar lo que hiciéramos, esta celebración de cumpleaños la decepcionaría.

Mi esposo me acompañó a recoger a mamá. Ella todavía vivía en la misma casa donde todos habíamos crecido. Durante el largo trayecto hasta Columbus mi esposo mantuvo la conversación fluyendo. Él le preguntó sobre su vida y, así, la hizo hablar todo el tiempo.

Ella empezó a contar historias que yo jamás había escuchado. Mamá habló sobre lo duro que fue crecer en una granja con padres inmigrantes que no podían leer o escribir en inglés. Sobre lo duro que fue tener tres hermanos que se fueron a la guerra durante años, sin saber dónde estaban. Y lo difícil que fue la mudanza de su única hermana. Sólo que jamás usó la palabra *duro*. Simplemente, era su vida.

Para el momento en que llegamos a la casa de mi hermana me di cuenta de lo poco que sabía sobre la mujer que me había parido.

En la fiesta, coloqué la corona de juguete en su cabeza y la llamamos Reina Mamá. Ella usó esa corona todo el día y sonrió como si realmente fuera reina por un día. Todos platicamos, comimos pastel y después ella abrió los regalos. Mis hermanos sabían lo que ella quería: un vestido, una blusa, un libro.

Después yo le di el pergamino sobre la vida en 1930 y ella recordó. Había nacido el año en que Nancy Drew empezó a resolver misterios, Babe Ruth ganaba 80 mil dólares al año y Clarence Birdseye inventó la comida congelada. Ese año fue descubierto Plutón y los científicos predijeron que, para el año 2050, el hombre llegaría a la Luna.

Todos nos reímos mucho. Después se me ocurrió algo. En lugar de entregarle la lista de la gratitud, la desenrollé y la leí en voz alta:

"¡¡¡Setenta y cinco años!!! Los has llenado con tantos regalos. Por todos ellos, te agradezco, y le agradezco a Dios por ser tu hija."

Le agradecí por haber sido una madre que se quedó en casa y haber hecho a un lado cualquier carrera que hubiese deseado. Por haber permanecido con papá durante todos esos años, cuando las mujeres en todo el país se divorciaban por pequeñas cosas.

Por llenar nuestras canastas de Pascua y pretender ser el ratón cuando se nos caían los dientes. Por hacer de cada Navidad algo tan mágico que podíamos escuchar los renos en el techo. Por darnos dinero para gastarlo en los demás y así saber que la celebración realmente es acerca de dar.

Por enseñarnos cómo cambiar un pañal sin picar al bebé ni a nosotros mismos. Por bailar espontáneamente la polca en la sala. Por presentarnos a Perry Como, los Mills Brothers y Mitch Miller. Por tararear feliz en la cocina; la mejor música de todas.

Por hacer sopa de jitomate casera, rollo de nuez y salchichas envueltas en pasta hojaldrada. Por tejer con ganchillo estrellas de Navidad para nuestros árboles y colchas de punto para nuestros sillones. Por dejarnos ver *Los Tres Chiflados* todos los días.

Por levantarnos para ir a la escuela cada día, hasta cinco veces en un día. Por esa hermosa caligrafía en cada nota escolar que era demasiado bella como para falsificar. Por toda la preocupación cuando olvidábamos algún proyecto escolar, terminábamos con un novio o salíamos con la persona equivocada.

Por dejarnos utilizar las botellas vacías de detergente para nuestras luchas de agua. Por no castigarnos incluso cuando prendíamos cuetes en el patio. Por no acusarnos siempre con papá.

Por enseñarnos a no pararnos con la puerta del refrigerador abierta, porque no debía usarse como aire acondicionado. Por aguantar nuestra práctica de piano. Por lavar nuestro cabello en el fregadero, antes de que el baño tuviera regadera. Por exponerme a mi columnista favorita: Erma Bombeck.

Por curar nuestros golpes con Bactine y un beso. Por quitarle el cerrojo de la puerta a las 2 de la mañana y no hacer ninguna pregunta hasta la mañana siguiente. Por toda la preocupación cuando perdíamos nuestra tarea u olvidábamos nuestro almuerzo.

Por no dejarnos correr con tijeras, tener pistolas de aire o poner la lengua en el metal frío durante el invierno. Por asegurarse de que ninguno de nosotros fuera víctima de un rayo, quedáramos ciegos por usar fleco largo sobre los ojos o llegáramos con ropa interior sucia a la sala de emergencias.

Por no correrme de la casa cuando supo que estaba embarazada. Por estar conmigo en el hospital cuando entré en labor de parto. Por cuidar a mi hija mientras yo pasaba años reordenando mi vida.

Por ayudarnos a cada uno de nosotros a convertirnos en nuestros mejores seres. Por perdonarnos en nuestros peores momentos. Por rezar con nosotros cuando ni siquiera sabíamos que lo necesitábamos. Por amarnos de la misma manera, y jamás demostrar que alguien era el preferido.

Mamá irradió luz cuando mis hermanos agregaron cosas a la lista. La celebración se convirtió en un festín de amor, mientras mis hermanos y hermanas compartían sus propios momentos y recuerdos especiales.

De regreso a casa, mi mamá no dijo mucho. Mi esposo puso un cd con la banda sonora de la vida de ella: Frank Sinatra, Nat King Cole, Ella Fitzgerald.

Yo tampoco dije mucho, pues pensaba en esa mujer que iba en el asiento trasero. Jamás pensé en ella como la niña que alguna vez tuvo que explicar a sus padres inmigrantes de Checoslovaquia que su hermano Chuck había terminado en un campo alemán de prisioneros y que su hermano Mike había enfermado de malaria en una misión al otro lado del mar. Para el momento en que ella había cumplido diez, estaba completamente sola en una enorme granja, con padres que eran extranjeros en Estados Unidos. Cuánta soledad debe de haber sentido.

Ese domingo en la noche, cuando la dejamos, mi mamá me pareció diferente. Ella se veía como alguien más, alguien a quien podía llegar a conocer. Le dije que la vería al día siguiente. El día después de la fiesta era realmente el día de su cumpleaños. Yo le había prometido llevarla de compras.

Pero ya muy tarde ese domingo, mi esposo terminó en el hospital con cálculos renales. Pasé horas en la sala de emergencias hasta que finalmente fue internado. Fácilmente pude haber cancelado la salida de compras. Mamá entendería. Quizá ni siquiera le importaba. Pero al saber que había sufrido tantas desilusiones en su vida, no podía cancelar. Me sentía tentada a hacerlo, en parte porque mi esposo estaba en el hospital, pero sobre todo porque sentía miedo. Quería aferrarme a ese fresco inicio con la mujer del día anterior. ¿Qué tal si la llevaba de compras y todo se diluía nuevamente en ese estado doloroso de vacío?

Tenía que ir. Le había hecho una promesa. Manejé una hora para llegar a su casa, preguntándome durante todo el camino cómo deshacerme de un día entero de compras. Odio los centros comerciales.

Cuando la recogí a las 10 de la mañana, me saludó en la puerta muy bien vestida, con una bolsa que combinaba con su blusa y un collar de perlas que colgaba de su cuello. En la sala, ella había convertido la mesita de café en un pequeño altar. Mamá había puesto una carpetita y flores junto a la corona de cumpleaños y el pergamino de la gratitud. La agenda estaba abierta en su escritorio; en el 15 de agosto —su cumpleaños—, había escrito sólo una cosa en toda la página: *de compras con Regina*. Me tragué mis lágrimas y mi vergüenza por casi haber cancelado.

Así que anduvimos de compras. Ella se movía en cámara lenta, deambulando por cada pasillo, inspeccionando cada blusa desde el cuello hasta el dobladillo. Al principio me sentí impaciente. ¿Por qué le tomaba tanto tiempo encontrar un conjunto? Después me di cuenta de que a mi mamá no le importaba comprar. Ella quería pasar tiempo conmigo. Así es que yo también desaceleré el paso. La llevé a almorzar, y después a otros dos centros comerciales. En la última tienda encontró todo un estante de ropa que le encantó. Le compré todo lo que le quedó.

Antes de llevarla a casa insistí en que comiéramos un postre. Era su cumpleaños, después de todo.

Nos sentamos afuera en el sol, comiendo bolas de helado italiano. Para los desconocidos, nos veíamos como una madre y una hija que eran las mejores amigas, platicando y riendo con facilidad. Eran las 5 de la tarde. Habíamos pasado todo el día juntas, sólo las dos, por primera vez en mi vida.

De regreso a casa me confesó que sus padres jamás celebraron su cumpleaños. La única celebración memorable que tuvo fue al cumplir 16, cuando sus amigas descubrieron que era su cumpleaños.

Mi madre me agradeció por llevarla de compras, a almorzar y por el postre. Ella sonaba más como una niña que como una mujer de 75, cuando me dijo:

—Este es el mejor cumpleaños que he tenido en mi vida.

Sin importar cómo te sientas, levántate, vístete y preséntate a la vida.

Casi cada mes, tengo un día en el que me siento empantanada en mí misma.

Solía culpar a las hormonas y al síndrome premenstrual. Después de cumplir 50, culpé a la falta de hormonas. Pero los hombres también se sienten atorados, así es que simplemente debe de ser la condición humana.

Uno de mis cantantes favoritos, James Taylor, tiene una canción llamada "Something in the Way She Moves" (Algo en su manera de moverse). Yo me siento identificada con la canción, con cómo de vez en cuando las cosas en que nos apoyamos pierden su capacidad de ayuda, y nos dirigimos a toda velocidad a los lugares prohibidos.

Todos hemos ido a esos lugares. Todos tenemos una alberca personal de arenas movedizas dentro de nosotros, donde empezamos a hundirnos y necesitamos amigos y familia para que nos rescaten y nos recuerden todo lo bueno que ha habido y habrá.

Mi esposo, mi hija y un par de amigas usualmente pueden rescatarme, pero no siempre. En los días verdaderamente oscuros es difícil acudir a ellos para hacerles saber que me estoy hundiendo.

Esos días frágiles puedo manejarlos con oraciones. Termino repitiendo la misma y más sencilla oración que pueda pronunciar solamente para levantarme de la cama. Algunos días es un sencillo Ave María. Otros días, es un rosario entero de ellas. Recorro mi artillería espiritual y utilizo el Padre Nuestro o intento con la Oración para la Serenidad. Tomo la Biblia de mi buró, la cual parece abrirse en un pasaje del Evangelio de Juan, el cual empieza, "No dejes que tu corazón se atribule". Una oración de Thomas Merton con frecuencia ayuda. Él empieza admitiendo ante Dios que está perdido y no puede ver el camino, que no tiene idea hacia dónde se dirige. Yo me puedo identificar con él.

Cuando eso no ayuda, busco frenéticamente a través de Salmos y afirmaciones y diarios de meditación, agotando todo el suministro hasta que encuentro alivio. Si no tengo suficiente fuerza, energía o voluntad para aferrarme a Dios, le pido a Dios que se aferre a mí. No sólo le pido, sino que le digo a Dios:

—Es uno de esos días, Dios mío. La carga está en Ti, así es que agárrate de mí.

Una vez escuché que alguien decía que la oración es más que palabras. Es una postura que tomas, una posición que reclamas. Echas tu cuerpo contra la puerta para evitar que los demonios entren, y te quedas ahí hasta que se van.

Con los años he desarrollado un sencillo plan de emergencia que utilizo tan pronto como siento el huracán de esos días tristes soplando:

Ten una lista de "emergencia" con los nombres de la gente que te entiende. No cualquier tipo de gente que te dirá que te aguantes y te ofrecerá veinte maneras de atravesar el bache haciendo mil cosas a la vez, sino la gente que sabe cuál es tu helado, tu chocolate, tu música o tu película favoritos. Son aquellos que saben lo que necesitas como apapacho.

Evita a la gente mala, especialmente en el trabajo. Y no molestes al jefe gorila. Mantente alejado de la jaula.

No hagas nada que no sea imprescindible ese día. Cancela cualquier cosa que sea negociable.

No tomes decisiones importantes sobre tu matrimonio, tu carrera, tu dieta o tu valor personal. Estás bajo la influencia de un mal día. No analices todo. Mantente lejos de tu cabeza. No es un lugar seguro el día de hoy.

No "horribilices" lo que estás sintiendo. El mundo no se está acabando. Sólo estás experimentando turbulencia. El avión es seguro. El piloto es bueno. Estás en el asiento correcto de la vida. Sólo diste contra un cúmulo de aire agitado. Espera. Pasará.

Debo admitir que en esos días malos estoy tentada a llamar al trabajo y darme un día de salud mental. En vez de ello, me doy permiso de bajar mis parámetros durante las siguientes veinticuatro horas. Tomo el consejo de mi amigo Don: Levántate, vístete y preséntate. Recorta la vida a su parte más básica y esencial.

Levántate: Enfrenta el día de manera vertical, en lugar de rendirte ante él de manera horizontal.

Vístete: Ponte la ropa, de la cabeza a los pies. Eso detona la esperanza. Creo que esa es la razón por la que, incluso en los países más pobres del tercer mundo, las mujeres se adornan con mascadas llamativas, cuentas llenas de color y conchas brillantes.

Preséntate: Gran parte de la vida consiste en asistir. Este es un día para mostrarte tal como eres. Si alguien quiere tener éxito, hace lo mejor que puede, y eso varía dependiendo de la situación. Lo mejor que puedo dar hoy quizá sea terrible, pero si me presento habré hecho mi mejor esfuerzo.

Si eso es todo lo que haces, en las Olimpiadas de la vida eres un éxito. Levantarte hace que ganes una medalla de bronce. Vestirte te da la de plata. Asistir, la de oro.

Una vez que realizas esas tres acciones, cualquier cosa puede suceder. En algunos de mis peores días termino haciendo mi mejor escritura, siendo la mejor madre, amando de la mejor manera.

Don, quien me enseñó ese lema, es una de las personas más felices que he conocido y también alguién que ha tenido una de las vidas más difíciles. Él saluda a todo el mundo con un fuerte "¡Hola!" y deja a cada persona con un abrazo y estas palabras: "Verte ha sido como un pedazo de cielo".

Don ha tenido más días tristes que la mayoría de la gente. Cuando tenía 11, su madre terminó en un manicomio. Su papá era alcohólico, y no podía criar a sus seis hijos. Un viernes, a Don le dijeron que el lunes iría al orfanatorio durante tres meses. Él no sabía que jamás volvería a vivir con su familia. Tenía 16 la noche en que un sacerdote en la casa para niños le dio la noticia de que su madre había muerto de un aneurisma.

Años más tarde, uno de sus hermanos, que era alcohólico, se metió en una pelea. El otro hombre lo venció atropellándolo con el auto. El hermano estuvo en coma durante un mes, pero Don siempre cuenta el lado positivo de la historia: Dios le dio 30 días para despedirse.

Don se convirtió en terapeuta de personas con problemas de alcoholismo. Se casó con una enfermera y tuvieron dos hijos. Después su esposa tuvo un romance y el matrimonio se vino abajo. Ver que su familia se separaba rompió algo en su interior. A través de todo el proceso, en esos días en los que no quería ir al trabajo, regresar llamadas o escuchar los problemas de otras personas, él practicó esas palabras: Levántate, vístete y preséntate.

Sus palabras me inspiran cuando estoy triste, lo que es cada vez más raro. Sin importar cómo me sienta, me levanto, me visto y me presento a la vida. Cuando lo hago, el día siempre termina siendo mucho mejor de lo que esperaba. Cada día es verdaderamente un pedazo de cielo. Algunos días los pedazos son simplemente más pequeños.

Respirar tranquiliza la mente.

Si quieres embarazarte, haz meditación.

Un profesor de la Escuela de Medicina de Harvard condujo una investigación en la que casi el 40 por ciento de parejas supuestamente estériles se embarazó al poco tiempo de practicar meditación.

Creo que él omitió algo más que habían hecho las parejas.

El Dr. Herbert Benson informó que pronunciar unos cuantos "ommms" al día ayuda a mantener alejado al doctor (pero, evidentemente, no a la cigüeña). Cantar un mantra también puede ayudar a aliviar los síntomas del SIDA, reducir la presión sanguínea y prevenir la necesidad de algunas cirugías y procedimientos médicos. Los seguros médicos deberían cubrir sesiones de meditación para reducir la necesidad de tratamientos más costosos. ¿No sería maravilloso que los planes de salud incluyeran una lista de monjes budistas en el directorio?

En esencia, la meditación está presente con cada inhalación y exhalación. Una vez entrevisté a un profesor cuya lección más importante giraba en torno a la respiración. En 1969, cuando Christopher Faiver era estudiante en el Hiram College, la universidad organizó una ronda de pláticas llamada la Serie de la Última Conferencia. Si tuvieras una última conferencia que dar, ¿qué dirías? La idea permaneció con él durante décadas.

Cuando se convirtió en profesor de la Universidad John Carroll, retomó la idea, dio una última conferencia e invitó a los estudiantes a respirar.

¿Respirar?

Él escuchó que en algunas religiones orientales se cree que tenemos un número finito de respiraciones, y que debemos usarlas sabiamente. Pudo atestiguar el poder de la respiración al observar cómo su nieto tomaba su primera inhalación, y cómo su madre exhalaba por última vez.

—Había un sentido de comunión —me dijo.

En su conferencia habló de todas las personas que lo ayudaron a respirar con mayor facilidad, maestros y mentores como Jesús, Buda y Gandhi, junto con diversos profesores, colegas, jefes y estudiantes.

Me hizo pensar en la gente que me enseñó a respirar fácilmente, especialmente el hombre que me introdujo a la respiración consciente, hace más de 20 años. Aproximadamente cincuenta hombres y mujeres se reunieron para un retiro de meditación que duró de la noche del viernes a la tarde del domingo. Yo había ido con la esperanza de conocer a algún hombre, como si el fin de semana fuera una salida espiritual para solteros.

El presentador era un monje budista que había estudiado en Tailandia. Era el tipo de persona que, por su aspecto, uno encasillaría como vegetariano. Era alto, delgado, y usaba pantalones de pana bombachos y sandalias Birkenstock.

Nos pidió que nos sentáramos en una posición cómoda, estuviéramos callados y escucháramos nuestra propia respiración. Cuando hiciera sonar la campana, la meditación habría terminado. Escuchar tu respiración. ¿Qué tan difícil podía ser eso?

Yo estaba emocionada por la oportunidad de encontrar un pasaporte hacia la paz. Esperaba ser transportada a una playa tranquila al atardecer o a la punta de la serena montaña o a un estanque de lotos del sosiego. Esperaba algo más aparte de mi mente loca que corría para delante y para atrás, trayendo imágenes de todas las personas a las que había odiado o amado. Mi mente era como un botadero de basura. No había paz. Empezaba a pensar en mi niñez, en las cosas que tenía pendientes, en la muerte de alguien conocido, en la escritura de algún libro, en la compra de zapatos. Después me percataba de ello y trataba de escuchar mi respiración. Todo lo que escuchaba era un cuarto lleno de gente suspirando frustradamente.

Finalmente la campana sonó. Habíamos concluido la primera sesión. Al día siguiente meditamos durante 40 minutos de un tirón cada dos o tres horas. Fue una agonía total. Cuando el monje nos dejaba salir para dar un paseo debíamos meditar sintiendo cómo nuestros pies presionaban la tierra a cada paso. Debíamos permanecer en silencio, incluso en el baño y durante las comidas. Respira, respira, respira. Eso era todo.

Una vez afuera, la gente se amotinó. Un grupo de cinco se reunió bajo el roble y planeó una rebelión. Otros cuatro empacaron y se fueron a casa.

El resto de las sesiones de meditación fueron extenuantes. Era como regresar al dentista para que terminara una endodoncia. Mi mente corría como un caballo salvaje. Quedarse ahí y concentrarse en la respiración era una tortura. Luego de veinte minutos de estar sentada, mi mente gritaba, "Toca la campana. ¡Toca la ✳#Ⴥ⚡@ campana!"

Después de todo un día sólo pude contar hasta 15 antes de que mi mente me llevara a pastos más verdes. Se desplazaba del diseño en las cortinas a algún tipo apuesto, a los recuerdos de unas vacaciones de verano, al trabajo inconcluso. El cuerpo me dolía por la posición. Terminé exhausta de no hacer absolutamente nada.

Para el domingo la mitad de las personas había empacado sus cojines, descruzado las piernas y se había dirigido a casa. El monje cerró el retiro diciéndonos que todo lo que necesitábamos ya estaba dentro de nosotros.

—¿Entonces para qué vinimos? —alguien murmuró.

Él podía leer nuestras mentes (después de escuchar los gritos silenciosos de todos nosotros durante el fin de semana).

—Probablemente se estarán preguntando con qué se van del retiro —dijo—. ¿Mayor sabiduría? ¿Una sobrecogedora percepción de Dios? ¿Una armonía perfecta con el universo? ¿Estar libres del miedo? ¿Un corazón inundado de amor?

Él nos habló sobre un estudiante que le preguntó a un maestro Zen:

—¿Por qué meditas? ¿Eso te convierte en un santo?

—No —contestó el maestro.

—¿Te vuelve divino?

—No —negó con la cabeza.

—¿Entonces qué te hace?

—Despertar —contestó.

¿Y cómo permaneces despierto? Respiras.

Si no pides, no obtienes.

Lo que más me cuesta trabajo es hablar.

Lo sé, eso es un poco irónico considerando que, como forma de vida, terminé escribiendo una columna y hablando frente a 400 mil personas. Supongo que el universo sabía lo que yo necesitaba.

También me envió a un hombre que me enseñó cómo encontrar y utilizar mi voz. Antes de conocer a mi esposo, me daba miedo devolver un suéter en un almacén, incluso con el recibo en mano. Prefería donarlo que enfrentarme a un vendedor que me agobiara con sus políticas de devolución.

Mi esposo es lo opuesto. Bruce nació con confianza. Cuando quiere algo, lo pide. No le tiene miedo al rechazo. Si alguien le dice que no, él no se lo toma personalmente. Y tampoco puede descifrar a los cobardes como yo. ¿Por qué nos sentimos renuentes a preguntar?

Vergüenza. Nos sentimos avergonzados de que los demás sepan que no sabemos algo o que necesitamos algo. De pequeña me enseñaron a no tener necesidades. Cuando requeríamos algo, mi papá siempre daba la misma respuesta: No lo necesitas.

Orgullo. No queremos darle a alguien más el poder de que nos diga que no. No queremos debilitarnos mediante el rechazo. Tenemos miedo de la imagen que causaremos ante un perfecto extraño que, en realidad, resulta ser una persona imperfecta como nosotros.

Miedo. Tenemos demasiado miedo de pedir porque eso pone el gran dedo en la vieja llaga, cuando el niño dentro de nosotros escuchó *no*, era muy importante escuchar *sí*.

Culpa. No queremos abusar de nadie. No nos merecemos su tiempo, energía y atención, aunque le estemos pagando a esa persona para que nos ayude. Somos corteses al punto de la parálisis.

Mi esposo cree que el miedo es algo que sientes antes de saltar de un avión o mientras buceas cerca de los tiburones. Eso lo puede entender. Él no entiende la razón del miedo cuando hay que pedirle a la azafata que te cambie a un mejor lugar. Él tiene la capacidad de pedirles, y lo hace, a todos, todo: que lo cambien a primera clase. Un mejor cuarto de hotel. Un descuento porque no cree que uno deba pagar por productos al por menor. Volver a llenar el vaso de refresco. ¡Él incluso le pregunta a la gente en la calle que le indique cómo llegar a ciertos lugares!

¿Yo?

Así es como soy de patética; yo ni siquiera le puedo decir al tipo de atrás en el avión que está pateando mi asiento, que se detenga. No le puedo pedir a la gente que está sentada detrás de mí en el cine que deje de hablar. Yo me paro y me cambio de lugar. Prefiero pasar hambre antes de pedirle a la azafata una comida vegetariana.

¿Mi peor momento? Cuando mi hija tenía 6, y llevaba un puñado de cambio para comprar una bolsa de dulces. Yo estaba parada junto a la banda de la caja registradora, y mi hija puso su pila de cambio en ella. Mientras avanzábamos en la fila, vi que una mano se estiraba y tomaba el cambio de mi hija. Era una niña de doce años aproximadamente. Yo la miré directamente a los ojos. No pude detenerla. Ella simplemente se robó el dinero de mi hija, y no pude ni siquiera pedirle u ordenarle que lo regresara.

Años más tarde llevé a mi sobrino al McDonald´s. Pidió un *root beer* (refresco de zarzaparrilla), se lo bebió y pidió más.

—¿Podemos volverlo a llenar gratis? —preguntó.

Yo iría a averiguar. Llevé su vaso hasta el mostrador. Antes de poder abrir mi boca, me convertí en gallina, en un auténtico McNugget. Tenía demasiado miedo de que me dijeran que no. Me acobardé. En su lugar, fui a la máquina de los refrescos y llené el vaso. ¿Me robé ese refresco? A lo mejor. No lo sé.

Empiezo a prestar atención a la gente que es capaz de pedir. Cuando funciona, lo anoto mentalmente. Mi amiga Sharon llevó a su hijo de cinco años a un partido de básquetbol. Había lugar en los asientos de hasta arriba. Mientras subían y subían y subían, el pequeño Finnegan se asustó. Era demasiado alto. Él empezó a llorar, así es que Sharon espió y detectó unos asientos vacíos hasta abajo. Ella tenía tres elecciones: forzar a su pequeño hijo a que se sentara en la capa de ozono de la tribuna, abandonar el lugar y regresar a casa, o pedir asientos donde el chico no tuviera miedo de sentarse. Le preguntó al señor que recogía los boletos. Él no sabía, pero la envió con alguien más. Esa persona la envió con alguien más. Ella siguió preguntando. Finalmente, alguien dijo que sí. Finnegan obtuvo asientos de primera, desde los cuales pudo observar cómo los Cleveland Cavaliers y LeBron James deslumbraban a la multitud.

Un día se me terminó mi shampoo Aveda favorito. Mi esposo y yo nos detuvimos en el salón de belleza, pero todavía no abría. Eran las 10:30. El letrero decía que abrían a las 11 de la mañana. Le dije que regresáramos. Mi esposo sonrió. Él veía la situación como un desafío.

—Sólo toca la puerta y pregunta —dijo.

—No.

No podía.

—El letrero dice que está cerrado —repetía yo—. Prefiero irme sin el champú, que pedir y que me digan que no.

Él hizo una mueca de mal humor, salió del auto y fue a la puerta. Tocó y gritó que sólo quería comprar champú. La chica movió la cabeza y dijo que no. Él abrió su cartera y la enseñó. Ella vino a la puerta.

—La tienda todavía no abre, así es que no puedo aceptar tarjetas de crédito —dijo ella.

—Pagaré en efectivo —gritó a través del vidrio.

Lo siguiente fue verlo venir con cuatro botellas de shampoo.

Después de años de verlo hablar y cosechar los beneficios, finalmente hablé en forma significativa: quería un aumento. Un día recé por él, organicé todas las razones en mi cerebro y fui a almorzar con mi jefe. Le pregunté y me dijo que no. Pero primero me humilló. Yo me disculpé, fui al baño, lloré a más no poder, me limpié, regresé a la mesa y cambié el tema. Horas más tarde en el trabajo, él me dijo que vería qué podía hacer. Obtuve un pequeño aumento.

Pasaron los años. Quería un aumento real. Había dado lo mejor de mí en el trabajo. ¿Es que mi jefe no lo había notado? Yo no iba a suponer que lo había hecho. Mis profesores de periodismo me habían enseñado a jamás suponer. Uno de ellos analizó la palabra en el pizarrón, y concluyó que cuando alguien hace una suposición puede quedar en ridículo.

Me senté para pensar por qué merecía un aumento. Escribí una buena propuesta e hice una lista del valor que añadía al periódico, la sala de redacción, la compañía. Empecé el correo expresando mi amor por el trabajo, el periódico y la ciudad. Le di las gracias por haberme contratado. Planteé la importancia de mi puesto, y le hice ver que me encontraba en el extremo inferior del espectro salarial. Después señalé el valor que agregaba al periódico en una lista larga y desglosada con puntos clave. Al final de la lista, le pedí "un aumento significativo".

Lo obtuve. No sólo eso, sino que obtuve la cantidad exacta que tenía en mente, pero que jamás había pronunciado. ¿Fui cobarde al pedírselo en un correo en vez de hacerlo en persona? Quizá. Pero solicité y recibí.

Si no pides, no obtienes. Así es que pide. Algunas veces la respuesta será positiva, algunas veces no. Si no pides, la respuesta siempre será negativa; una que te habrás dado a ti mismo.

Cede.

Perdíamos a Beth. Día a día, centímetro a centímetro, la vida en Beth parecía consumirse como una frágil brasa que disminuyera y disminuyera hasta apagarse.

La diabetes había arruinado los riñones con los que había nacido, y después el que le habían puesto hacía 14 años. La diálisis era su única esperanza, cuatro horas al día, tres días a la semana hasta que muriera u obtuviera un nuevo riñón. Ella estaba en una lista de espera y quizá esperaría de cuatro a seis años hasta obtener uno. Mi amiga Beth jamás duraría tanto.

Nadie lo decía en voz alta, pero todos lo pensábamos, todos lo sabíamos. Habíamos hecho nuestras oraciones, pero es una oración difícil de pronunciar cuando sabes que el regalo de la vida que tu amiga necesita con desesperación será el regalo de la vida a la que un extraño se rendirá con reticencia.

Nadie lo dijo, pero todos temíamos que esa fuera su última Navidad. Durante los últimos nueve años, Beth y su esposo, Michael, habían compartido la Nochebuena con nosotros. La mejor Nochebuena de todas resultó ser aquella en la que Beth no se sentó a la mesa.

El teléfono sonó después de las 11 de la noche el día anterior a la Nochebuena. La llamada entró tan tarde que supusimos que eran malas noticias.

Eran las mejores. Quizá habría un donante para Beth.
Quizá.

No sólo un riñón, sino también un páncreas. Un páncreas significaba que Beth ya no tendría diabetes. Un páncreas nuevo produciría insulina, algo que su cuerpo de 50 años no había podido hacer desde que tenía 10. Con un nuevo páncreas, ella no tendría que preocuparse de perder la vista o sus extremidades; ella no tendría que preocuparse de morir por la enfermedad como lo había hecho su madre; ella no tendría que preocuparse de no ver crecer a su hija de cinco años.

Su esposo no podía creerlo hasta que la vio empacando su maleta para el hospital. Ella tuvo que pellizcarlo —fuertemente— para que él se diera cuenta de que no estaba soñando. Después, él llamó a un amigo, se corrió el rumor y empezaron las oraciones.

—Es demasiado bueno para ser verdad, pero por favor, Dios mío, que sea cierto —rezó Beth.

Nosotros rezamos por Beth, quien trabaja como especialista infantil en el Rainbow Babies & Children´s Hospital, en Cleveland, donde había pasado los últimos 18 años haciendo que los niños tuvieran menos miedo a las agujas, a los doctores y a los exámenes médicos. Oramos por la familia del joven de 21 años de Columbus que murió en un accidente de auto, una familia que, gracias a Dios, tuvo la gracia de ceder ante el dolor y permitir que los órganos fueran donados para que alguien más pudiera vivir.

Beth y Michael dejaron a su hija, Michaela, en nuestra casa. Eran las 6:30 de la mañana del 24 de diciembre. Beth le dio un beso en la oscuridad, yo abracé a Beth, y esperé por el mejor regalo de Navidad de todos: la vida.

Pasaron horas sin que tuviéramos noticias. Para las dos de la tarde, todavía no sabían si el órgano sería compatible. Después el teléfono sonó a las tres. Estaban preparando a Beth para la cirugía. Una calma dentro de ella desechó el breve miedo de no sobrevivir a la operación; mejor se concentró en lo maravillosa que sería la vida cuando despertara y ya no fuera diabética.

Todo el día estuvimos preocupados. ¿Su cuerpo sería lo suficientemente fuerte para la cirugía de cuatro horas? ¿Su cuerpo rechazaría los órganos? ¿Una pequeña niña sabría el día de Nochebuena que su mamá estaba más sana que nunca o sabría que...? Era intolerable terminar ese pensamiento.

La pequeña Michaela habló de Santa y de la nueva Barbie que esperaba él le trajera, y si vendría aunque ella no estuviera en casa, y de cómo los renos podían realmente volar. Ella creía completamente en el milagro de la Navidad. ¿Podíamos hacerlo nosotros?

Entonces el teléfono sonó. El páncreas estaba adentro. Estaba funcionando. Una hora más tarde supimos que el riñón estaba bien. Beth estaba haciendo pipí en el quirófano. Se habían terminado las diálisis. No más insulina. El donante era perfectamente compatible. Beth había saltado al primer lugar de la lista de trasplantes porque entre todas las personas de la lista en el país ella era la más compatible. La única persona más cercana habría sido un gemelo idéntico.

Michael regresó a nuestra casa y puso sus brazos alrededor de la pequeña cuyo mayor deseo de Navidad era una muñeca. Él le dijo que mami ya no tendría que "picarse" para revisar el azúcar en su sangre. Mientras Michaela se quedaba dormida frente a *Milagro en la calle 34*, su papá no podía dejar de hablar del milagro en Cornell Road, el milagro en un quirófano del *University Hospitals*, el milagro del cual Michaela escucharía cada Navidad.

Nunca supe que había otro lado de la historia hasta que escribí una columna para el periódico sobre el regalo de Beth, y recibí este correo de una mujer que leyó el artículo:

Me conmovió la historia en la página principal del periódico de hoy. Verás, mi familia también recibió una llamada del University Hospitals el día de Nochebuena. Mi hija de 31 años también está en la lista de trasplantes para un páncreas y un riñón. Ha tenido diabetes desde los 8 años. Tuvo cataratas en ese entonces y se las operaron. También le tuvieron que quitar uno de los dedos gordos del pie y sus riñones empezaron a fallar hace como cuatro años.

Ella ha estado en la lista desde hace dos años y medio. Cuando recibimos la llamada, inmediatamente llamamos a todo el que se nos ocurrió para empezar una cadena de oraciones. También sentíamos todas las emociones y esperanzas que Beth sintió.

Sabíamos que mi hija, Dawn, era la segunda en la lista. Sabíamos que la primera persona en la lista tendría que no ser compatible para que ella recibiera el regalo de la vida. Debo admitir que rezamos porque la primera persona en la lista no fuera compatible, pero para las 3 de la tarde también supimos que lo había sido. Dawn tendría que volver a esperar.

Me gustaría decirte que después de las 3 de la tarde nuestras oraciones cambiaron. Entonces empezamos a rezar por la persona que sí había sido compatible. Me siento tan contenta de que la cirugía haya sido un éxito. Continuaré orando por Beth. Por favor hazle saber que estamos muy contentos por ella. —Gracias, Sandra Whalen.

El correo me conmovió. Me imaginé a la familia agrupada rezando por un milagro para su hija, y lo difícil que debe haber sido enterarse de que alguien más lo había recibido. Ellos no pasaron las siguientes horas desalentados ni decepcionados, dieron una abrupta vuelta en U y canalizaron sus oraciones hacia Beth.

Cuánta gracia se necesita para ceder cuando hay tanto en juego. Rezar por la persona que recibirá los órganos que salvarían la vida de tu hija. Yo difícilmente puedo ceder ante un conductor que quiere meterse en mi carril mientras manejo o la persona que está detrás de mí en un avión y necesita salir antes para poder alcanzar una conexión. Tantas veces quiero lo que quiero y no puedo ver las pequeñas necesidades de nadie más a mi alrededor, mucho menos las grandes necesidades.

Había estado tan entregada a pedir por Beth, que jamás pensé en rezar por la otra persona que estaba esperando por esos órganos. Después del correo, siempre me pregunté cuál habría sido el destino de Dawn. Dos años más tarde asistí a una muestra de arte hecha por pacientes en los centros de diálisis. Una mujer construyó una pared con tubos de plástico utilizados en procedimientos médicos y ladrillos rojos de papel. Con ello, representaba lo que se sentía esperar por un trasplante. El nombre de la artista era Dawn Whalen.

Sí, *esa* Dawn.

Los terapeutas habían dado a cada paciente una cámara para fotografiar un día de su vida con diálisis. Dawn construyó una pared y también escribió una canción sobre la experiencia del procedimiento médico al que, durante tres años, tuvo que someterse tres horas y media al día, tres veces a la semana. En la pared pegó fotos de su kit de prueba de glucosa, las agujas, el hombre que la conduce a la diálisis, las botellas de las pastillas que toma.

Dawn tenía 32, pero se veía como una chica vivaz de 22, con cabello rubio corto y largas pestañas. No podía dejar de sonreír cuando hablé con ella. Dawn obtuvo un trasplante de riñón y páncreas un poco más de dos años después de la operación de

Beth. Su llamada entró un domingo por la mañana. Cuando ella escuchó que a lo mejor había un órgano disponible y que estuviera preparada, corrió a la iglesia y rezó por quien llegara a recibirlo, y también por la persona que había muerto. Ahí, en la iglesia, Dawn recibió la llamada. Debía ir al hospital para una operación de siete horas.

Bendita sea, pues ella regresó al centro de diálisis como voluntaria. Cientos de personas todavía están esperando, esperando a ser perfectamente compatibles, esperando a que alguien ceda.

Aunque no tenga moño, la vida es un regalo.

Primero mi cuñado Randy me envió un correo con la pregunta, después un amigo, después otro. Todos querían saber si yo conocía el secreto de la vida.

Al principio ignoré los correos y los vínculos, y después supuse que quizá el universo estaba tratando de decirme algo. ¿Cuál era el secreto del dinero, las relaciones y la felicidad?

Realmente no es un secreto. Puede que se remonte a Platón, Beethoven y Einstein. Puedo rastrearlo en los estantes donde están mis libros, en Emmet Fox, Wayne Dyer, Ernest Holmes y James Allen. En Mateo, Marcos, Lucas y Juan.

Hay un poder. Hay una ley. No se trata de ojo por ojo, ni de siempre tener que darle propina a quien te sirve. La Ley de la atracción: ese es el secreto. Tú atraes todo lo que viene a tu vida mediante los pensamientos que albergas. Tú creas tu vida con tus pensamientos.

Has escuchado "Eres lo que comes". Pues, en realidad, eres lo que piensas durante el día. ¿Qué susto, verdad? Intenta tener sólo pensamientos positivos durante el día. Ahora, puedo hacerlo durante una hora sin imaginarme alguna calamidad, enfermedad o epidemia. Mi cerebro es una fábrica de miedo, construye todo tipo de tonterías: hay un asesino serial debajo de la cama, una cabeza cortada en la secadora, una rata viva en el inodoro.

Leí que Albert Einstein alguna vez dijo que la pregunta más importante que un humano puede hacerse a sí mismo es: "¿El universo es amistoso?" Por supuesto que no, pensé. ¿Está loco? En realidad, era brillante, y eso hizo que su pregunta se me quedara pegada como con velcro.

¿Qué tal si yo empezaba a ver el universo como algo amistoso? Me entregué a practicar. Era como ver el mundo a través de nuevos lentes. Si piensas en el miedo, atraes la ansiedad. Si piensas en la abundancia, atraes la prosperidad. Si piensas en el amor, atraes la compasión.

El secreto no consiste en dominar a tu jefe, tu cuenta de banco o tus hijos, consiste en dominar tu mente. Ahora, cada vez que siento la nube de la fatalidad sobre mí, hago una pausa y me pregunto: ¿en qué estás pensando? Si te sientes mal, cambia tus pensamientos, no tu trabajo, tu ropa o de esposo.

Einstein dijo, "Sólo hay dos maneras de vivir tu vida. Una es como si nada fuera un milagro. La otra, como si todo lo fuera".

Brindemos por los milagros.

Pero el asunto con los milagros es que no siempre los podemos reconocer. Algunas veces vienen en paquetes envueltos como grandes errores. El secreto es descubrir el milagro en el desorden. Es difícil hacerlo, especialmente si quieres crear una imagen perfecta de ti mismo.

Yo lo he intentado. He hecho listas sobre mi decisión de escribir. Las he plasmado en metas y objetivos. Las he pegado donde pueda verlas. Las he leído en voz alta. Las he inhalado y exhalado. He visualizado que suceden.

Prometí comer más granos enteros y menos grasa. Pagar en efectivo, en vez de usar tarjetas de crédito. Ser una esposa más amable. Hacer ejercicio todos los días. Y después he violado sistemáticamente cada determinación.

La mayoría de las personas toma la decisión de ponerse en forma, perder peso y comer adecuadamente. Promete dejar de fumar, beber y estresarse. La gente intenta salir de la deuda, ahorrar más y gastar menos. Las almas más avanzadas agregan esto: trabajar como voluntario.

Escuché de un hombre que toda su vida había estado centrado en el yo, yo, yo. Él trató algo nuevo e hizo de su vida un nosotros, nosotros, nosotros. Los jesuitas llaman a ese ser un "hombre para los demás".

¿Qué puedo hacer por otros? No hagas planes que cambien la faz de la tierra y que te abrumarán y lanzarán al abismo, sino acciones simples y cotidianas, de momento a momento. Una vez escribí sobre un hombre llamado Don Szczepanski, quien vivió de esa manera. Él era un hombre común y corriente, o así lo parecía.

El sendero que tomó en la vida podría decirse que era ordinario. Él manejó por la misma ruta durante dieciocho años, saltando dentro y fuera de un pequeño camión blanco de correo de las 7 de la mañana a las 3:30 de la tarde.

Todos en el pequeño pueblo de Avon, Ohio, lo llamaban Don, el cartero. Saludaba a las personas que caminaban por la calle y tocaba el claxon cuando pasaba con su camión. Daba consejos sobre cómo arreglar una computadora conflictiva, compartía las últimas fotos de su nieta y repartía muestras de su cecina hecha en casa.

Siempre traía timbres y siempre llevaba una sonrisa. Él entregó el correo durante veinticinco años, deteniéndose en unas quinientas casas o negocios cada día.

Un día, un vecino llamado David, observó que Don había faltado al trabajo. Cuando Don regresó, mencionó que algo había salido en un examen médico. Esa sería la última vez que Don conduciría su camión del correo.

Don tenía cáncer de riñón que ya había hecho metástasis en los pulmones. Los doctores dijeron que probablemente jamás saldría del hospital. La gente empezó a llamar a David, preguntando por Don. Conforme se esparció el rumor sobre la salud de Don, también las historias lo hicieron. Un padre le dijo a David cómo Don llegó a la puerta con el correo un día y notó que el niño de la casa había recibido algunas tarjetas por su cumpleaños, así es que Don agregó cinco dólares al montón.

Otro padre le contó que su hijo con parálisis cerebral adoraba recibir al cartero. Don apagaba el camión y dejaba que el niño se subiera para ver cómo funcionaba todo. Ese año, Don le compró un pequeño camión de cartero como regalo de Navidad.

Otro vecinito compartió que Don le había enseñado la manera correcta de aventar una pelota de beisbol y le mostró cómo usar la gorra con el pico apuntando "justo hacia donde te diriges, y no de lado como algún bufoncito de la tele".

Las historias impulsaron a David a escribirle a los vecinos:

> *Nuestro amigo (y el mejor cartero que ha habido) está luchando contra el cáncer de riñón. Don ha iluminado muchos de nuestros días con su calidez y su risa contagiosa. Es momento de devolverle el favor. Ata un listón azul en tu buzón para que todos puedan verlo (¡especialmente Don!), y piensen en él un momento en medio de su agitado día. Por favor consideren dejarle una nota o una tarjeta a Don. A él lo conmoverá su consideración. Simplemente, dejen las tarjetas en su buzón (dirigidas a Don, el cartero) o llévenlas a la oficina postal.*

En unos cuantos días, quinientos listones y moños azules salpicaron el pueblo, y pilas de tarjetas llegaron para Don.

El día antes de Acción de Gracias, Don pudo subirse en el auto de su hijo y seguir la ruta que había transitado durante dieciocho años. Él pudo ver todos esos listones. Murió una semana después, a los 59 años. Algunos amigos suyos celebraron su vida con margaritas y cecina en un boliche.

Muchas personas creen que los ángeles son seres sobrenaturales con alas. Quizá sólo sean personas comunes como Don Szczepanski, que entregó bondad junto con las facturas y las postales. Don no necesitaba alas, su saludo lo transportaba con eficacia.

La vida de Don me recuerda que no importa cuál sea nuestra profesión, sino cómo la vivimos. Mi estilista Heidi me inspira constantemente. Un día terminó de cortarme el cabello, me vio a los ojos y me ordenó como un predicador:

—Ve a hacer algo posible.

Hacer algo posible.

Una amiga mía firma sus correos con un coro de ofertas perfectas de descuentos de Leonard Cohen. Ella abraza sus ofrendas imperfectas de arte y música con la confianza de que cualquier grieta en ellas permitirá que la luz se cuele.

Hay tanta vida que podemos exprimir en las grietas de nuestro pequeño día. Puedes hacer que alguien ría, sonría, tenga esperanza, cante o piense. El día más importante del año no es la Navidad o la Pascua, tu aniversario o tu cumpleaños. Es el día en que estás ahora, así es que vívelo plenamente.

Hacerlo significa que saldrás de tu orden, porque la vida es una revoltura. Sí, la vida es un regalo, cada día de ella, pero no lleva un moño. Hace años, un sacerdote jesuita me acusó de tratar de vivir con demasiado cuidado. Me dijo que era como si me hubieran dado un vestido hermoso, pero me diera mucho miedo ensuciarlo. Me siento en la fiesta sin pastel, sin ponche, sin juegos. No quiero ensuciarme.

Él tenía toda la razón. Me daba tanto miedo caerme, fallar, me daba miedo la vida; así es que esperé y fui testigo, pero ya no más. El cáncer me quitó eso.

Estoy en la gran fiesta y me estoy ensuciando tanto como puedo... Y quizá sea la última en irme.

Nota de la autora

Querido lector:

Gracias por comprar y leer mi primer libro. Espero que este sea el inicio de una larga relación de lectura.

Si eres uno de los miles que transmitieron estas 50 lecciones en correos a amigos por todo el mundo, gracias por inspirarme a profundizar y escribir este libro.

Espero, también, que continúes beneficiándote de estas lecciones tiempo después de haberlas leído. Me encantaría saber si estas lecciones de vida te han ayudado. Siéntete con la libertad de enviarme historias sobre cómo han cambiado tu existencia. También puedes hacerme llegar tus propias lecciones de vida. Mi sitio en la red, www.reginabrett.com, tiene un *link* de contacto para correo electrónico.

Mientras estés ahí, disfruta el blog, las columnas, el podcast de mi programa de radio, la guía de debate, los consejos para escritores, mis vínculos favoritos y fotos, y entérate sobre mi próximo libro.

Una parte de las regalías del libro la donaré a The Gathering Place en www.touchedbycancer.org, que ofrece servicios gratis para cualquiera que haya sido tocado por el cáncer. Para saber más sobre este sitio maravilloso, puedes consultar: www.touched.cancer.org.

También espero que visites la Casa de Retiro Jesuita, www. jrh-cleveland.org, el lugar al que llamo mi hogar espiritual.

Gracias nuevamente por tomarte el tiempo de leer *Dios nunca parpadea*. Espero que estas lecciones toquen tu vida tan profundamente como tocaron la mía y te den mayor felicidad.

Todo lo mejor,

Regina Brett

www.reginabrett.com

Agradecimientos

Estoy eternamente agradecida por...

Mis padres, Tom y Mary, que se sacrificaron más de lo que jamás sabré para amar y proveer a sus once hijos. Ellos nos fortalecieron para la vida con su fe, esperanza y valor.

El amor y la escandalosa fuerza de mis hermanas: Theresa, Joan, Mary, Maureen y Patricia. El amor y la callada sabiduría de mis hermanos: Michael, Tom, Mark, Jim y Matthew.

Mis sobrinos y sobrinas: Rachel, Michael, Leah, Luke, Jaclyn, Laura, Emily, Hudson, Josiah, Anya, Erin, Harry, Jacob, Bill y Brenda, quienes me aman puramente sólo por ser Tía Regina.

Mis cuñados y cuñadas: Tom, Chris, Tish, Andrew, Tom, Anita, Michelle, Randy, Gary y Carol, quienes me apoyan más de lo que merezco.

Mr. Ricco, mi maestro de tercero de secundaria en Brown Junior High. Sam Ricco me enseñó a amar la escritura, un párrafo a la vez.

Los amigos que me dieron Nueva Esperanza, especialmente Kathy y Bill Perfect, Melanie y Ed Rafferty, Judy y Michael Conway, Verónica Harris y Don Davies. Su amor incondicional hizo que me sintiera completa.

Mis primeros mentores, Eileen Lynch, Barb Blackwell, Zoe Walsh y Maura McEnaney, por acompañarme en el difícil camino hacia el Destino Feliz.

Mi eterno círculo de amigos que me echan porras: Thrity Umrigar, Bob Paynter, Terry Pluto, Debbi Snook, Connie Schultz, Sue Klein, Karen Long, Tina Simmons, Jennifer Buck, Suellen Saunders, Marcie Goodman, Beth Segal, Michael Barron, Brendan Ring y el personal de Nighttown. Un agradecimiento especial a Sheryl Harris, mi amiga de amigas, quien escuchó todas mis tribulaciones, y después las terminó encontrando al hombre de mis sueños.

El apoyo constante de la pandilla Campbellville: Marty Friedman, Sandy Livingston, Michael Miller, Beth Ray, Peter Collins, Kris Anne Langille, Arlene y Buddy Kraus, Julie Steiner y Dan Freidus.

Los profesores de la Universidad Estatal de Kent: Bruce Larrick y Fred Endres, por guiarme al periodismo. Bill O'Connor y Susan Ager, por dejarme subir a sus hombros y echarle un vistazo al mundo de la escritura. Dale Allen, quien me hizo columnista en el *Beacon Journal*. Doug Clifton, quien me dio una columna en el *Plain Dealer*.

Stuart Warner, el mejor guía que hay en el mundo. Él siempre valoró mi voz, aunque pareciera tener laringitis.

El editor del *Plain Dealer*, Terry Egger, la editora Susan Golberg, la directora editorial Debra Adam Simmons y Barb Galbincea por darme la libertad de hacer mi mejor trabajo y otorgarme permiso para compartirlo en este libro. Dave Davis y Ted Diadiun, por lidiar con las interminables solicitudes de volver a imprimir estas lecciones. Jean Dubail, John Kroll y Denise Polverine por pastorear mi columna y las entradas del blog en www.cleveland.com (en inglés). Mis colegas en el *Plain Dealer* que diariamente aprovechan el poder de las palabras para cambiar el mundo.

Kit Jensen, Jerry Wareham, David Molpus, David Kanzeg, Bridget DeChagas, Paul Cox, Jeff Carlton y el resto del personal en Ideastream.

La constelación infinita de lectores de periódico cuyos correos, llamadas y cartas me sostienen. Los que llaman a Cleveland su hogar son los más trabajadores y los más profundos creyentes en milagros que cualquier equipo de deportes quisiera tener. Ustedes son lo máximo.

La Hermana Mary Ann Flannery, por mantener vibrante la Casa de Retiro Jesuita, y a las salvajes mujeres que fuman afuera de todos esos retiros de la Hermana Ignatia.

Esos honorables sacerdotes que dedicaron sus vidas a salvar almas: los Padres Joe Zubricky, Benno Kornely, Denis Brunelle, Jim Lewis, Joe Fortuno, Clem Metzger y Kevin Conroy.

Los ángeles en mi grupo espiritual: Ami Peacock, Gabrielle Brett, Sharon Sullivan, Beth Robenalt y Vicki Prussak.

Ted Gup, quien compartió el mayor regalo que un escritor le puede dar a otro: el nombre y correo electrónico de su agente. Su generosidad me condujo a la David Black Literary Agency, donde encontré a mi princesa azul, la agente Linda Loewenthal. David vio la chispa; Linda la convirtió en fuego. Su confianza todavía arde en mi interior. Ella mejoró cada página de este libro, y después encontró el perfecto hogar para él.

Los centinelas en Grand Central Publishing quienes fieramente creyeron en este libro. El editor Jamie Raab, cuya pasión por la escritura transformó esta obra. Mi editora, Karen Murgolo, quien ofreció sugerencias fabulosas y tuvo una paciencia infinita. Harvey-Jane Kowal y Christine Valentine por *peinar* cada centímetro de él. Diane Luger, quien diseñó la mejor portada. Nancy Wiese, Nicole Bond, Peggy Boelke y Matthew Ballast por asegurarse de que el resto del mundo pueda leer este libro. Philippa "Pippa" White por su diligencia en los detalles interminables.

El cirujano Leonard Brzozowski, el oncólogo Jim Sabiers y la enfermera Pam Boone por salvar mi vida.

Mi abuela Julia, cuyo amor sentí primero, al final y siempre.

Mi nieto, Asher, que tendrá mi amor siguiéndolo a todos lados.

Los hijos que mi esposo trajo a nuestro matrimonio, Ben y Joe, por su paciencia y amor al crear una nueva familia. James, el hijo que mi hija trajo con su matrimonio, por completar nuestra familia y por tomar la foto que adorna este libro.

Mi brújula, Bruce, quien realmente es mi norte, mi sur, mi este y mi oeste. No importa cuántas veces me sienta perdida, siempre me encuentra. Su amor nunca falla, nunca escasea.

Mi hija, Gabrielle, quien me recuerda todos los días cuánto me ama. Ella vino como un misterio y se convirtió en una maravillosa bendición. Ella es la prueba de que el amor es lo que más importa.

Y la Fuente de todo, el Dios de mi alegría.